▎█BLITOS

La Casa Editrice di nuova generazione

Titolo
OLGA FIORINI,
LA SARTA DI DIO
Conversazioni a margine della vita

Visita il nostro catalogo
www.blitos.it

Autrici
Elena Cartotto
Olga Fiorini

Olga Fiorini

La sarta di Dio

Conversazioni a margine della vita

Ai nostri genitori Ezio, Giuliana, Marcello e Zaira

Agli studenti del grande universo Acof

A Maurizio che ci ha fatte incontrare

INTRODUZIONE

"Com'è essere sposati a un genio?
Non so, chiedetelo a mio marito"
Marie Curie

La porta d'ingresso di casa Fiorini è una vetrata di rose a ricordo dell'antico stemma, le tre rose, della famiglia Fiorini di ascendenza nobile, ma decaduta dopo la Prima guerra mondiale. Olga ci tiene alla famiglia. E ai suoi ricordi. Ne ha appesi tanti nei locali che furono della sartoria e della scuola, prima che la costante e inarrestabile crescita della sua attività la portasse a espandersi altrove. Molti ritagli di giornale incorniciati ai muri, quando ancora il mondo non si perdeva nel magma di internet, raccontano, come pietra incisa a memoria dei posteri, le tappe di un'esistenza straordinaria.

Olga Fiorini non è stata solo una donna di successo, ma anche un marchio stampato su oltre mezzo secolo di storia italiana che passa attraverso la moda e il grande sviluppo imprenditoriale che accompagnò il secondo dopoguerra.

Non a caso uno degli articoli che parlano di lei, titola in grande: *Olga Fiorini, donna-impresa dal 1956*. E ce ne sono molti altri che narrano di eventi, sfilate e di questo genio femminile che riuscì a trasformare delle semplici *sartine* in stiliste e indossatrici.

Nata povera e figlia di contadini, Olga ha la mano magica fin da piccola: fa e disfa vestiti in continuazione guidata da un'abilità tecnica e da una scintilla creativa non comuni in una bimba di quell'età. Dovrà, però, affrontare molti sacrifici e attendere diversi anni, prima di imboccare la sua strada. L'infanzia è funestata da lutti: Olga perde un fratello appena nato e, a cinque anni, una sorellina di soli tre, Imelda. Alla certezza della morte si affianca, in un macabro balletto, l'incertezza dovuta alla precarietà finanziaria. È costretta a vivere tra Poggio Rusco, dove abita la sua famiglia, e Verona, appoggiata presso altri parenti, per non pesare troppo sui genitori. Lavora la terra insieme al resto della famiglia, ma non le piace, riuscirà a liberarsi da quello che sembra un destino preconfezionato, per una donna della sua condizione sociale, solo quando riuscirà a prendere il diploma universitario a Bologna grazie a una borsa di studio. Per poter studiare, però, dovrà rinunciare alla dote e aspettare la sistemazione delle sue due sorelle, Lina e Lucia.

Va a lavorare all'estero, nella svizzera tedesca, perché, come purtroppo accade ai giovani talenti anche oggi, in Italia non trova lavoro. Abbandona, col cuore a pezzi, i genitori, e s'imbarca in questo viaggio armata di ago e filo in una mano e di un dizionario nell'altra. Le sue capacità emergono rapidamente generando ammirazione, tanto che le vengono affidate anche delle docenze per formare altri ragazzi alla sua professione.

L'esperienza oltre confine l'arricchisce moltissimo: da un lato assorbe un nuovo modo di lavorare legato ai tempi industriali che sarà la base della sua mentalità d'impresa, dall'altro impara l'organizzazione innovativa della scuola che prevede tirocini nelle aziende.

Porta tutto questo in Italia, prima a Solbiate Olona e poi a Busto Arsizio, la Manchester italiana, e nel 1956, a soli 29 anni, dà inizio a un'avventura imprenditoriale che non si interromperà più.

Sarà abilissima nel coinvolgere nei suoi progetti istituzioni pubbliche locali e aziende del territorio: la sua prima creatura sarà l'Istituto Professionale Industria, Artigianato e Servizi, ma è solo l'inizio.

Olga Fiorini innova il modo di insegnare moda nella scuola e, affiancata in questa operazione dal noto sarto internazionale Mario Delfini, anticipa, con l'alternanza scuola-lavoro, quello che diventerà solo molti anni dopo il modello formativo di tutto il nostro paese. Suoi compagni di strada, man mano che la scuola si amplia, saranno i più grandi stilisti del panorama italiano e mondiale dell'epoca: Missoni, Fiorucci, Soprani, Von Furstenberg.

Partendo dai corsi di taglio e cucito che riscuotono un sempre maggiore successo, Olga arriva a fondare una vera e propria scuola riconosciuta dal Ministero; sarà questa la prima pietra dell'universo ACOF, l'Associazione culturale Olga Fiorini, nata nel 1996.

Oggi ACOF – diretta da Mauro e Cinzia Ghisellini, nipoti di Olga – conta circa 3500 studenti: il tasso occupazionale in uscita supera il 90%.

I dipendenti e i collaboratori sono quasi 700 dislocati nelle varie sedi.

Sono sei le scuole raggruppate negli Istituti Scolastici Superiori Olga Fiorini e Marco Pantani, operativi nel quartier generale di via Varzi a Busto Arsizio.

Vi si aggiungono anche altre importanti realtà formative come The International Academy, che prevede un tragitto interculturale dai 3 ai 18 anni; l'istituto comprensivo Maria Montessori di Castellanza, con ciclo completo dalla scuola materna alla terza media, più una serie di asili e scuole dell'infanzia; il complesso dei centri di formazione professionale di ITS e IFTS per le specializzazioni post diploma e i relativi inserimenti lavorativi presenti a Borsano, Milano, Bergamo, e Luino tramite Labor Line. L'universo ACOF annovera persino una scuola di specializzazione in psicoterapia, la prestigiosa SPIC e una partecipazione attiva nello IUAD, l'Accademia della Moda di Milano, arrivando a un totale di quindici strutture complessive.

Olga Fiorini ha ricevuto riconoscimenti di ogni tipo nel corso dei suoi 60 anni e oltre di carriera. Regione Lombardia nel 2000 le ha attribuito la Rosa Camuna. Giorgio Napolitano, allora Presidente della Repubblica, l'ha insignita del titolo di Ufficiale dell'Ordine al merito della

Repubblica Italiana nel 2009. Anche il Comune di Busto Arsizio le ha attribuito la civica benemerenza nel giugno del 2017, dopo che già nel 2015 era nato un premio a lei intitolato per riconoscere le eccellenze educative del territorio.

Gli sforzi compiuti da Olga Fiorini per allestire progetti sempre visionari e innovativi hanno ricevuto gli elogi da tantissime firme di spicco del mondo della moda, stilisti che hanno ritrovato nell'opera quotidiana portata avanti da questa sarta d'Italia le radici più vere del Made in Italy.

POST SCRIPTUM ALL'INTRODUZIONE
Di Elena Cartotto

Non è usuale inserire un post scriptum all'introduzione di un libro che deve ancora essere letto, ma la nota in questione è necessaria al fine di avvisare il lettore di alcuni importanti cambiamenti avvenuti dopo la stesura del testo.

Tutto ha, evidentemente, uno Spirito, anche questo libro che fin dall'inizio ha seguito un suo destino, una sua chiamata, una sua necessità di esistere perfino oltre le nostre intenzioni.

Io e Olga ci siamo conosciute nel gennaio del 2022 attraverso un caro amico comune. Olga voleva scrivere un libro, l'unica cosa che in vita sua, diceva, non aveva mai fatto.

Un libro che potesse fotografare la sua vera essenza e restituirle, attraverso un lavoro, a volte doloroso, di scavo e recupero, quasi archeologico, di eventi e memorie, la sua identità, al di là dell'importante ruolo ricoperto, delle cose fatte, dei successi raggiunti, della rappresentazione che gli altri avevano di lei.

Olga lavorava alla stesura di un libro da qualche anno e, nel corso di uno dei nostri primi incontri, mi ha consegnato il blocco dei suoi appunti.

Io per carattere, per esperienze, interessi e lavoro mi appassiono con intensità alle storie altrui, specialmente negli aspetti meno noti, più sfumati, nascosti. Mi piace scrivere testi fluidi che non siano un mero resoconto di fatti, ma suggestioni capaci di far entrare il lettore nell'anima di una persona al fine di cogliere il suo mondo di relazioni, dubbi, domande, emozioni, possibilità.

Olga al momento del nostro primo incontro aveva appena compiuto 95 anni. Io ero piena di curiosità e stupore nei confronti di una donna di quell'età così lucida e desiderosa di progettare, realizzare, lasciare tracce e testimonianze.

Ho subito avvertito che ero lì proprio per aiutarla a fare questo passo verso la scrittura e la rivisitazione del suo passato e, benché stesse bene, ho sempre avuto la sensazione di avere poco tempo a disposizione per confrontarmi con i suoi 95 anni di storia. Ho quindi deciso di correre, gettandomi totalmente in questa straordinaria avventura.

Abbiamo organizzato una serie di incontri fatti di interviste, colloqui, riflessioni comuni su vari aspetti della vita personale e sociale. Gli stessi titoli dei capitoli sono le parole chiave attorno a cui sono girati i nostri discorsi. Ho pensato fosse noioso per lei e per i nostri futuri lettori seguire un percorso meramente cronologico di eventi, per quanto interessanti. E così ad ogni incontro davo ad Olga delle parole chiave e lei mi restituiva i ricordi, le riflessioni, gli stati d'animo, legati a quelle parole, un po' come avviene in psicoanalisi con la tecnica delle libere associazioni.

Le ho promesso che il nostro libro sarebbe stato pronto per il 21 marzo: mi piaceva l'idea di metterle in mano questa nuova creatura proprio con l'inizio della primavera, stagione di luce e rinascita. E a maggior ragione volevo farlo in quei giorni che a me, intimamente, ricordavano invece la morte delle persone più care che io abbia mai avuto al mondo, i miei genitori. Per rendere meno doloroso un ricordo brutto non c'è niente di meglio che affiancargli un ricordo bello. E così il 21 marzo 2022 ho consegnato il libro a Olga che ne è rimasta molto contenta, perché sentiva di aver realizzato il suo sogno. Ne abbiamo parlato, mi ha indicato alcune piccole correzioni da fare e abbiamo ragionato sulla necessità di trovare una buona casa editrice. Già immaginava quando avremmo fatto la presentazione del libro a scuola: si emozionava sempre al pensiero dei *suoi* ragazzi. In fondo il libro, nelle intenzioni di Olga, voleva proprio essere un lascito per loro.

Il 12 aprile 2022 purtroppo Olga Fiorini si è spenta improvvisamente: insieme alla tristezza di aver perso così presto la mia nuova amica, ho avvertito la spinta impellente a non tradire il suo sogno e a darmi da fare affinché questo libro non rimanesse nel cassetto.

Ed eccoci qui. Ancora una volta Olga Fiorini ce l'ha fatta nella sua corsa contro il tempo; corsa che ha contraddistinto, come vedrete leggendo, tutta la sua vita.

Per questa ragione troverete il libro scritto al presente: la scelta editoriale è stata quella di lasciarlo com'era prima della scomparsa di Olga. Un po' come se lei fosse ancora qui. E forse c'è.

PRESENTAZIONE

di Veronica Vetrulli

Responsabile Intrattenimento e Coproduzioni RaiPlay
(RAI - RADIO TELEVISIONE ITALIANA)
&
Docente a contratto di Cinema Studies
Università degli Studi Niccolò Cusano

"Per realizzare il possibile,
bisogna tentare l'impossibile"
M. Weber

Leggendo il bel libro sulla storia di questa straordinaria donna, Olga Fiorini, dal nome così familiare, un nome così italiano, di quell'Italia che tutti rimpiangiamo, costruita sul lavoro dei nostri nonni e dei nostri genitori, mi è venuto naturale, paradossalmente, pensare ad un concetto non italiano, ma giapponese, l'ikigai. Cos'è l'ikigai? É il senso profondo della vita che sgorga ogni volta che riusciamo a unire armonicamente, in una sorta di concerto musicale le nostre passioni più autentiche, la missione che sentiamo di dover realizzare, la vocazione al bello e l'impegno nel lavoro. Dall'unione di questi aspetti, apparentemente separati dell'esistenza, ha origine l'ikigai. Ognuno ha il suo e chi riesce a vivere in sintonia con il proprio ikigai è una persona felice, centrata, realizzata.

Ecco, a me pare che Olga sia esattamente nel suo ikigai. Una donna che ha sempre seguito il suo sentire, che ha agito secondo degli imperativi che le venivano suggeriti da qualcosa di grande che sta sopra tutti noi, qualcosa che ha a che vedere con la Coscienza Universale o, per chi ha la fortuna di avere il dono della fede, con Dio. Nella sua storia, così ben catturata da Elena Cartotto, da sempre sensibile ai richiami dello straordinario e dell'invisibile nelle vicende esistenziali umane, ritrovo anche echi della grande tradizione del romanzo manzoniano come la presenza della Provvidenza che indica ad Olga il cammino nei momenti decisivi. O del romanzo di formazione alla Stendhal: Olga passa da ragazza povera che non vuole lavorare la terra, come la sua condizione sociale le imponeva, a donna imprenditrice con un successo travolgente. Successo che ha il sapore della fatica, della forza di volontà, dell'amore incondizionato per il proprio lavoro nella gioia di poterlo condividere con gli altri.

Lavorando nel campo dell'immagine e dell'audiovisivo mentre leggevo il libro vedevo scorrere davanti a me il film della vita di Olga, perché la sua esistenza è più immaginifica di qualsiasi sceneggiatura, più avventurosa, più intrigante, più riuscita di qualsiasi film abbiate mai visto. Dietro la storia della ragazza Olga, che cerca la sua strada, c'è l'intera storia del nostro paese che dalla povertà più nera del dopoguerra ha creato il benessere degli anni Sessanta e poi ancora la grande moda degli anni Ottanta. Olga è sempre stata in prima fila, protagonista di ogni passaggio, di ogni tappa raggiunta e superata, di ogni tassello che ha aggiunto alla sua storia e a quella della sua impresa.

Se, come si dice, "Il Pensiero Crea la Realtà", il pensiero creatore di Olga è stato molto potente e la Vita come se l'era immaginata si è avverata tutta, forse più di quanto lei stessa credeva possibile.

Ma noi alla fine lo sappiamo, affidarsi al nostro caro San Michele, devozione che, leggendo il libro, ho scoperto di condividere con Olga, è l'unico modo giusto per percorrere la strada che Dio ha predisposto per noi!

PREFAZIONE
di Elena Cartotto

"Ho sempre tirato il mio carro e ho piantato
un fiore ovunque fosse possibile."
A. Lincoln

Arthur Miller, il noto giornalista e scrittore americano, lo chiamò *Uno sguardo dal ponte*, prima fu un dramma, poi divenne un film. L'idea è poetica, e suggestiva di quel momento della vita in cui è necessario fare un bilancio serio della propria esistenza, forse sbagliato, ma serio. Arriva per tutti, prima o poi, il bisogno di lanciare quello sguardo. Per alcuni accade *nel mezzo del cammin di nostra vita* come suggeriva Dante che si incamminò per la selva oscura intorno ai trentacinque anni, allora una mezza età, come oggi potrebbero esserlo i cinquanta. E ne riemerse con il poema più grande di tutti i tempi: *La Divina Commedia*.

Olga Fiorini, però, nonostante ami Dante e l'Italia, più di ogni altra cosa al mondo, forse perché da giovane ha lavorato tanto all'estero, si è resa conto solo a 95 anni, che su quel ponte non ci si è mai fermata.

«Eppure, mi avrebbe fatto bene» dice, «tirare il fiato, guardare giù, osservare il fiume della mia storia. Ma sai, è tutta colpa di queste mani che sono sempre andate per conto loro, anche quando non volevo. Dovevo tagliare, cucire, confezionare. E dovevo insegnare ai ragazzi. O diventavo Olga Fiorini o niente.»

In fondo ha ragione lei, Olga, sotto il ponte c'è sempre un fiume. A raccontarsi o a raccontarci. A volte ci tenta, come le sirene, quando la tragedia dell'attimo supera la commedia dei giorni. Ci tenta col suo silenzio, la sua accoglienza di acque materne, ci tenta col suo incessante scorrere e fluire quasi potesse condurci in un'altra vita a dimensione umana; cancellando, al contempo, il male che ci ha infettato l'anima e il bene che non abbiamo fatto.

Come dimenticarsi George Bailey, il protagonista de *La vita è meravigliosa* film cult di Frank Capra che sotto una nevicata epica si dirige disperato al ponte per lanciarsi nel fiume e portare son sé tutti i debiti accumulati e l'infinito senso di impotenza di fronte a una vita che gli pare al capolinea? Non fosse che arriva l'angelo Clarence a trascinarlo via dai suoi incubi, mai così reali. Clarence, in quel tempo numinoso a cavallo della notte più magica dell'anno, il Natale, fa vedere a George come sarebbe stata la vita della sua famiglia e dei suoi amici se lui non fosse mai nato e si rende conto di quanto, a volte perfino senza saperlo, con un gesto, una parola, con la sua sola presenza abbia cambiato in positivo il destino delle persone che ha incontrato.

Olga si commuove ripensando a questo film perché ricorda i suoi momenti difficili e quegli angeli che hanno accompagnato anche il suo di cammino: sì, perché anche a lei sono accadute esperienze straordinarie che può permettersi di raccontare solo ora, alla sua età, spoglia dei tanti ruoli indossati, esattamente come fossero i suoi vestiti, nel lungo percorso che dall'infanzia misera l'ha condotta verso un domani pieno di luce.

Sarta, insegnante, imprenditrice culturale nel settore della moda, contabile di ferro che non si lasciava sfuggire un centesimo, ora Olga può rilassarsi e gettare il suo sguardo dal ponte su quel fiume. Un fiume che raccoglie le sue visioni, i suoi sentimenti, gli stati d'animo, le ferite, le emozioni, la musica, i nomi, i canti degli italiani sul treno quando rientravano in patria dalla Svizzera. Mi chiede se conosco quella strana teoria pseudoscientifica sulla memoria dell'acqua secondo la quale l'acqua mantiene un ricordo delle sostanze con cui viene a contatto: ecco lei vuole lasciare al fiume i suoi ricordi.

«In fondo, io stessa mi sono sempre sentita un fiume che scorre per gettarsi nel mare e dare acqua sempre più pulita. La mia vita, il mio lavoro sono stati una missione, e la mia missione era quella di dare.»

Anche adesso, penso io, tra me e me, Olga vuole dare qualcosa, vuole lasciare ai suoi studenti che frequenteranno le sue scuole quando lei non ci sarà più, quello che deve essere il senso vero dell'apprendimento, ossia l'educazione a diventare, prima di tutto, umani. E lo vuole fare attraverso questa testimonianza.

«Sai», aggiunge pensierosa «un tempo c'erano la guerra e tanta povertà, ma le famiglie erano unite, c'era la pace, quel senso contadino della terra che dava appartenenza e identità. La scuola, per chi ci poteva andare, era una scuola di vita, non una macchina nozionistica gestita, a volte, attraverso incomprensibili burocrazie. I ragazzi oggi vanno aiutati, perfino più di allora. Sono figli del benessere, ma hanno le spalle scoperte, vengono da famiglie ferite, non hanno una terra a cui sentono di appartenere veramente, si aggrappano al villaggio globale di internet come a una madre, succhiando voracemente tutto quello che trovano anche se fa loro male. Hanno vissuto la pandemia, abbiamo guerre sparse nel mondo e intorno a noi. E, soprattutto, manca la capacità di mantenere l'impegno dandosi la mano. Siamo sempre più circondati da persone i cui volti sono maschere e che recitano solo parti. Io a questi ragazzi, come fondatrice di scuole, devo dispensare conoscenza, per quel che posso, devo insegnare un mestiere, ma devo anche aiutarli a dialogare fra loro, spingerli a coltivare rapporti liberi dalle consuete abitudini utilitaristiche, smussare i pregiudizi e permettere loro di allargare la propria vista oltre gli interessi, spesso meschini, del quotidiano. Se la scuola non sa fare questo, fallisce inevitabilmente la propria missione.»

Olga pensa a Gesù quando dice che non c'è amore più grande di chi dà la vita per i propri amici. L'ha sempre ispirata questa pagina del Vangelo perché Olga è nata con la fede dentro; una fede che è come un sole che sorge ogni giorno e che le ha fatto amare la Santa Messa fin da quando era piccola. E, in modo speciale, amava il volto di Dio come Padre.

«Oh, quante volte l'ho invocato, sai? Padre, Padre, gli dicevo! Io li amo tutti i miei studenti. Amo i giovani perché sono il domani. Il dramma è che crescono troppo rapidamente, stimolati da continui impulsi interni ed esterni, e non sempre noi educatori siamo in grado di farvi fronte. Padre, aiutami a colmare il divario generazionale, a capire il disagio, a non entrare nel vortice della frenesia di questi tempi distaccati e superficiali che, spesso, ci impedisce di fondare il sapere sulle salde basi dell'affetto e della comprensione. Senza amore tutto crolla come un castello di carte. Lo diceva San Paolo nel suo Inno all'amore, ricordi? *Se parlassi le lingue degli uomini e degli angeli, ma non avessi l'amore, sarei come bronzo che rimbomba.»*

Olga Fiorini ama citare le Sacre Scritture e parla con grande entusiasmo, con lo sguardo di una bambina innamorata, della sua devozione alla Madonna e a San Michele.

«Viviamo in un panteismo consumistico», dice con rabbia «possibile che guerre e malattie non ci abbiano insegnato nulla?»

È vero, la società liquida, come ci ha più volte ricordato il grande pensatore Zygmunt Bauman, ci ha trasformati da produttori a consumatori e da consumatori, si potrebbe aggiungere, a oggetti consumati. Con l'esplosione di internet e soprattutto dei social siamo diventati dei cannibali virtuali che si cibano gli uni delle emozioni degli altri. I sentimenti devono produrre quattrini, e se non servono a questo, non servono a nulla.

Olga è del 1927, non c'era ancora la Tv, all'epoca. È una donna che ha vissuto a cavallo di due secoli, che è stata nel flusso della rivoluzione tecnologica, che ha fatto dell'innovazione nel lavoro e nella scuola uno dei suoi cavalli di battaglia. Ricorda con entusiasmo la radio e anche le prime trasmissioni e film per la TV.

«Forse allora c'era meno competizione e la produzione di contenuti poteva permettersi di essere più selettiva. Era una buona televisione. Poi tutto è andato peggiorando con la guerra dell'audience. Sul piccolo schermo è aumentata la violenza, la ricerca del sensazionalismo ad ogni costo. Perfino i canali informativi, oggi, cercano di fare spettacolo, tradendo così quella che è la loro funzione principale. E i sentimenti? Ci commuoviamo davanti a programmi televisivi creati a tavolino. Piangiamo davanti a storie d'amore inventate o spettacolarizzate ad arte e poi non ci accorgiamo della miseria che abbiamo sotto casa perché tanto se ne occuperà qualcun altro. E, come è successo di recente, muore un vicino di casa e lo scopriamo due anni dopo. Gli anziani soli, i disoccupati, gli emarginati, pensiamo sempre tocchi allo Stato o a qualche associazione farsene carico. Io sono stata povera e sono stata guardata dall'alto in basso come se questa fosse una colpa. E non l'ho mai dimenticato. Ho sempre aiutato gli studenti che avevano problemi economici, non ho aspettato che lo facessero altri al posto mio. È una vergogna piangere a comando davanti alla TV del dolore e non rimboccarsi le maniche per aiutare concretamente gli altri, quando possiamo, senza rinviare alle burocrazie statali», dice battendo il pugno sul tavolo.

Ma questo discorso le riporta alla mente un ricordo e improvvisamente si addolcisce al pensiero di un Natale lontano.

«Nevicava e faceva freddo e un poveretto appena uscito dall'ospedale in lacrime perché un suo familiare stava male, era rimasto qui fermo davanti, con l'auto che non andava più. Ci suonò al citofono per poter telefonare a qualcuno e mio marito Enrico per aiutarlo si precipitò fuori lasciando festeggiamenti, cibo e parenti e andò a sistemargli l'auto. Era elettricista, operaio, tuttofare: mio marito è sempre stato capace di riparare ogni cosa, anche la Olga», aggiunge ridendo di se stessa.

Per Olga non c'è niente di peggio dell'indifferenza.

«Meglio un uomo cattivo, di un uomo indifferente», afferma convinta.

Le cito Gramsci, le piace la sua invettiva contro gli indifferenti.

«Vorrei che i miei ragazzi conoscessero queste sue parole. Puoi scriverle?»

Odio gli indifferenti. Credo che vivere voglia dire essere partigiani. Chi vive veramente non può non essere cittadino e partigiano. L'indifferenza è abulia, è parassitismo, è vigliaccheria, non è vita. Perciò odio gli indifferenti. L'indifferenza è il peso morto della storia.

Olga chiude gli occhi. «Gramsci fu prigioniero, mentre la libertà è la cosa più bella che esista. Anch'io conosco la prigionia. Io che ho vissuto la guerra. La libertà non consiste in soldi e ricchezze materiali, ma nella dignità di vivere. Se hai i miliardi, ma non hai la libertà di te stesso, sei prigioniero. Voglio che i miei ragazzi siano educati, prima di tutto, alla dignità, verso se stessi e verso gli altri, per questo ho deciso di scrivere questo libro.»

La vita di Olga è stata tutta un intreccio di fili colorati, personaggi, relazioni, tagli da maestro tra forbici, bellezza, sogni, volontà e parole, quelle dette da lei e quelle che su di lei hanno detto gli altri. Ora vuole una pausa di silenzio per ascoltarsi dentro e per strizzare fuori, come farebbe una spugna, ciò che ha assorbito. E vuole poter parlare ai suoi studenti della dignità.

«Che cos'è per te la dignità, Olga?» le chiedo.

«È un attributo che abbiamo tutti in quanto esseri umani figli di Dio, che noi si creda in Dio o meno. Non è qualcosa che si conquista: ce l'abbiamo per diritto di nascita e non dipende dai nostri genitori, dall'ambiente in cui veniamo al mondo o da quello in cui siamo educati. Non dipende nemmeno dalle nostre capacità intellettuali. Per questo umiliare qualcuno nel tentativo di spogliarlo della sua dignità naturale è ciò che di peggio un uomo possa fare a un altro. A scuola bisogna sorvegliare affinché non avvengano atti di bullismo che sono la totale negazione della dignità.»

Scriveva André Malraux nel suo capolavoro *La Condition Humaine*[1] che una cosa sola era essenziale nella vita di un uomo, una cosa sola faceva sì che un uomo si potesse chiamare con quel nome, la dignità.

---

[1] André Malraux "La condizione umana" Tascabili Bompiani (1982)

MANI E CREATIVITÀ

Olga muove molto le mani. Si vede che sono il centro dei suoi interessi, il motore della sua vita. Le sembra strano non aver potuto dare la mano agli altri in segno di conoscenza, affetto, o di pace nelle chiese, in questi ultimi anni di pandemia.

«Sono all'antica. Per quelli della mia generazione, la stretta di mano era tutto!»

Le mani tese verso il prossimo, fratello nel comune viaggio di questa umanità, fragile e disorientata, dove tutti siamo, al contempo, vittime ed eroi delle quotidiane fatiche. Mani al cielo per implorare aiuto e benedizioni a quel Dio che per

Olga è padre, mai giudice o padrone. Mani che accarezzano come una madre il viso o la testa degli studenti che numerosi, ogni anno, affollano le sue scuole. Mani che scrivono numeri, riportano addizioni, cerchiano cifre, perché i conti per Olga devono sempre tornare a costo di restare sveglia sui libri contabili per notti intere. Mani soprattutto intente a manovrare i fili con cui confezionare gli abiti, un po' come, forse, facevano le antiche Parche dei miti che, però, decidevano non dei vestiti, ma del destino degli uomini.

«Sai, io sono sempre stata elegante, fin da piccola. È vero che non potevo comprarmi niente di costoso e raffinato, dato che a fatica avevamo da mangiare, ma l'eleganza non viene da fuori, è una luce che si irradia da dentro e che l'abito si limita a mettere in risalto, sempre che sia ben fatto. Il vestito non può darti quello che non hai. L'eleganza è un tratto personale, unico, non cedibile e non puoi ottenerlo nemmeno comprando grandi marche o seguendo programmi serrati di alimentazione, palestra ed estetica per darti un'immagine gradevole. Puoi lavorare sul tuo aspetto, e perfino sul tuo comportamento, sui tuoi modi, ma non sull'eleganza che non dipende dai soldi, dallo status sociale, dalle qualità intellettuali, dall'imponenza fisica e nemmeno dall'età. Hai presente Rossella O'Hara in *Via col vento*? A un certo punto lei è talmente alla canna del gas che per presentarsi ad un appuntamento con Rhett Butler a cui deve chiedere dei soldi in prestito, si fa un vestito con le tende di casa color verde. Lui si accorge subito dell'inganno, e della pochezza del tessuto, ma lei è talmente elegante che, a un occhio meno attento, il bluff sarebbe potuto passare inosservato.

Da bambina già mi facevo i vestiti da sola. Volevo avere l'abito bello per la domenica. Ci credi? Me lo tagliavo la sera e la notte, quando finalmente avevo tempo, lo cucivo. Ed ero capace di disfarlo una volta usato per farmene un altro. La stoffa era la stessa, ma la confezionavo in modo diverso e ci aggiungevo qualcosa di nuovo. Quando ci fu il periodo del secondo dopoguerra, arrivarono gli Stracci America, li prendevi alle bancarelle. Non erano veri e propri stracci, ma articoli usati dagli americani. Con la libertà ci avevano portato, oltre al cioccolato e alle sigarette, anche gli Stracci America. Allora erano pezze di seconda mano, oggi sono addirittura articoli ricercatissimi nel settore del vintage.»

Olga è una donna pragmatica, ama parlare di sé più per quello che ha fatto, realizzato, raggiunto, attraverso le sue mani e il suo spirito imprenditoriale, che per quello che è o pensa di essere. Non è centrata sul suo Io, non gira attorno al proprio ombelico nonostante il successo, le onorificenze, l'ammirazione che si è conquistata in tanti anni di carriera.

«Oggi tutti parlano dell'Io, questo falso mito, questo alieno accentratore che si è impossessato di noi, della nostra coscienza, del linguaggio, dei media. Io, io, io... ma li senti? A me l'Io pare un grande buco nero che ingoia tutto perfino la nostra vera anima. Ma che cos'è questo Io che impazza ovunque e fa credere a gente come noi di poter disporre della vita e delle risorse di altri esseri umani? Noi esistiamo solo perché viviamo in relazione e in comunione di vita con tutte le creature e in quanto agiamo nel mondo attraverso la libertà che il creatore ci ha dato per realizzare ciò che è utile al bene comune.»

Olga non lo sa, ma sta chiaramente parlando di quella che gli antichi greci chiamavano *hybris* un termine che indica quella tracotanza dell'ego che travalica i limiti e conduce ad avversare l'ordine costituito umano e divino: ne segue sempre una ferale punizione da parte degli dèi.

«E invece bisogna essere umili» mi dice Olga. «L'umiltà rappresenta esattamente l'atteggiamento contrario a questa esaltazione dell'Io. Io ho sposato mio marito, Enrico, perché era buono e umile, voleva bene alla mia famiglia, ai miei genitori, ai miei nipoti come fossero i suoi. Aveva spazio dentro per accogliere il prossimo, perché non era pieno di sé. E invece se uno è umile, oggi pare non valga niente, perché non passa il tempo ad autocelebrarsi e a giudicare gli altri. Chi giudica continuamente l'altro, ed è quello che in questo mondo avviene ormai costantemente di fronte ai piccoli problemi e alle immense tragedie che ci circondano, non può essere umile, perché è già pieno delle proprie visioni, della propria intelligenza, della propria volontà a discapito dell'umiltà necessaria di fronte al grande mistero della vita e della morte. E anche di fronte all'arte e alla creatività.»

«Che cosa sono per te arte e creatività, Olga?»

I suoi occhi sembrano perdersi nel lungo fiume della vita a ripescare idee, ma anche persone.

«L'arte per me era Mario Delfini, un grande sarto di Milano. Vedevi un suo capo su un manichino e rimanevi così, a bocca aperta. Ci ammiravamo molto a vicenda. Mi ha fatto capire che un abito era fatto bene se non potevi immaginare la persona per cui l'avevi fatto con qualcosa di diverso addosso. Se la persona era quell'abito, allora non avevi semplicemente confezionato un vestito, avevi fatto arte. Nei tessuti lavorati da Delfini c'era tutta quella bellezza, quell'eleganza, quella sicurezza, quell'amore che poi le persone indossavano. Non ho studiato arte in modo approfondito, però ho letto e visto delle cose. La so riconoscere, se me la trovo davanti. Per me arte è tutto ciò che è bello. Se ripenso alle mie sfilate con le allieve e agli abiti stupendi che avevamo realizzato, ecco io penso a una piccola opera d'arte, una scia luminosa di colori, leggerezza, quasi un invito a danzare nella vita. Però per fare arte, che sia piccola o grande arte, bisogna essere umili, accettare questa ispirazione che ci trascende e viene ad abitare in noi per il tempo necessario a darle una forma. La bellezza è qualcosa che ci sovrasta, noi possiamo essere solo i suoi umili servitori, nient'altro.»

Lo storico della letteratura e accademico francese Marc Fumaroli diceva che il desiderio di felicità è insopprimibile nell'uomo e si riassume in un desiderio di bellezza. Di fatto non si può pensare di costruire una società armoniosa, se una parte di essa vive in condizioni che le rendono impossibile la bellezza. Fare bellezza per Fumaroli significa rendere il mondo abitabile: *Non è portando i bambini nei musei che li si educa alla bellezza, ma abituandoli a vivere in bei luoghi*[2].

In effetti molte analisi sociologiche rilevano come quartieri brutti, sporchi, degradati finiscano per produrre maggiore delinquenza, violenza, rassegnazione. Per Fumaroli l'Europa porta in sé non solo il genio distruttivo che l'ha spinta a ben due guerre mondiali, ma anche l'altro genio che si è manifestato nella lunga durata, il genio di saper costruire, di onorare il desiderio di bellezza,

---

[2] Il Foglio Quotidiano, 27-28 giugno 2020

di felicità, di verità che la Repubblica delle Lettere, quest'insieme di talenti, ha sempre coltivato[3].

«Insomma, Olga, sei parte integrante anche tu col tuo talento e le tue visioni della Repubblica delle Lettere: costruisci bellezza, da sempre, la rendi visibile ai nostri occhi e sembri viverla come un'ispirazione divina. Allora, forse, la pensi un po' come Dostoevskij, la bellezza salverà il mondo.»

«La bellezza per me è sempre stata in quello che riuscivo a fare con le mie mani. È l'armonia delle cose che diventa anche oggetto di contemplazione. Sai meglio di me che per gli antichi greci il 'Bello' si accompagnava al 'Vero' e al 'Buono'. Forse non è corretto come concetto in assoluto, ma per me l'arte deve migliorarci come persone, accendere una scintilla divina dentro di noi: in chi la fa, ma anche in chi ne fruisce come spettatore. L'arte in fondo non è fine a se stessa, ma risponde a un bisogno dell'uomo. L'uomo ha

---

[3] Marc Fumaroli "La Repubblica delle Lettere" Adelphi (2018)

sempre fatto arte anche quando non ne era consapevole.»

«E tu come crei, Olga?»

«Io vedevo una persona e immaginavo già come poteva essere vestita nel modo più adatto alla sua persona e alla sua personalità, perché un vestito deve avere una personalità. Intuivo subito quali potevano essere la stoffa e la forma perfetta per rivestire quell'anima. È difficile da spiegare, ma era esattamente così che funzionava la mia mente. Non sempre ricordavo i nomi delle persone che mi venivano presentate, tendevo a distrarmi rispetto alle chiacchiere, ma i miei occhi già vedevano la bellezza nascosta e come potevo esaltarla. Era come un'ossessione, un richiamo interiore che non mi dava pace finché non avevo realizzato quel che avevo visto dentro di me. La creatività, per il mio tipo di lavoro sartoriale, non poteva che nascere dall'incontro tra la mia visione e quella dei miei clienti che, però, a volte pretendevano di indossare abiti che non facevano assolutamente per loro: le donne sono anfore e vanno vestite in modo adeguato. Oggi c'è il fagiolo, non l'anfora! Viene tutto buttato lì, senza gusto, senza stile, più per fare spettacolo, che per generare bellezza.

Da me venivano personaggi dell'alta società addirittura tutte le settimane perché volevano vestiti sempre nuovi. Io davo loro dei giornali e dei campionari francesi e poi si discuteva assieme, volevo capire tutto di chi veniva da me, quasi fossi una psicologa. Volevo conoscere i loro gusti, le loro speranze, che musica amavano, che film vedevano, perfino i loro dispiaceri, perché la persona è il vestito che indossa quando glielo fai su misura. Anzi, ti dirò di più, un abito di sartoria ha tre vite: c'è quello che immagini, quello che realizzi, e quello che vedi indossato. Con questo ti sto dicendo che c'è molta differenza tra la realizzazione industriale e artigianale di un capo di abbigliamento. Mi ricordo quando andai in Svizzera a lavorare per la prima volta dopo il diploma universitario che presi a Bologna. Avevo ventisei anni e mi trovavo a Winterthur nel cantone tedesco dove ero stata chiamata da mio zio Riccardo, il fratello di papà che lavorava già lì. A parte la lingua totalmente diversa dalla nostra, che sono stata obbligata ad apprendere in fretta e furia per esigenze di vita pratica e lavoro, mi accorsi subito che c'era anche una netta demarcazione tra sartoria e industria: ho dovuto imparare a fare i tailleur e i cappotti a modo loro con le macchinette veloci. Ci fu una volta, me la ricordo come fosse oggi, che mi misero in mano la stoffa per fare una camicetta in cinque minuti. Scoppiai in lacrime: non mi sentivo un'artista, ma un automa.»

Per Olga l'arte è il respiro di Dio nella nostra vita, una manifestazione particolare dell'Assoluto. Le piace paragonarla alla luce bianca che entrando nel prisma si separa nei suoi colori fondamentali a causa della rifrazione.

«Noi stiamo sempre 'maneggiando' Dio quando facciamo arte. Pensa ai grandi pittori, ai musicisti, perfino agli scienziati. Linguaggi diversi che si avvalgono della stessa identica Luce anche se non se ne rendono conto. Come Dio si è fatto bambino una volta nella storia, più di duemila anni fa, e si è messo nelle nostre mani per condividere il nostro destino di uomini, Dio si fa anche arte per essere plasmato dall'uomo in mille modi diversi, anche quando quell'arte non sembra parlare di Dio. Dio da sempre diventa colore, suono, numero, parola, per riportarci all'unica sorgente da cui tutto e tutti proveniamo. Figurati che io ho visto il sorriso di Dio ritagliato in tanti piccoli pezzi di stoffa.»

Parole splendide quelle di Olga che riportano alla mia mente di studiosa e appassionata di filosofia un libro che mi è capitato per caso tra le mani in un'edizione consunta del 1940. Trovato nella vasta biblioteca paterna, mi ha colpito il titolo: *Bellezza e verità delle cose*[4]. Fu partorito dalla mente illuminata di Antonino Anile: medico, letterato, nonché Ministro della Pubblica Istruzione prima di Giovanni Gentile. Anile si ritirò dalla politica attiva con l'avvento del fascismo e fu uno dei firmatari del Manifesto degli intellettuali antifascisti.

Nel capitolo primo di questa sua feconda produzione, Anile parla dei colori e della luce con una sensibilità poetica e spirituale simile, nei contenuti che vuole trasmettere, a quel che dice Olga che non conosceva questo testo.

---

[4] Antonino Anile "Bellezza e verità delle cose" Vallecchi (1940)

Nel darsi alla luce le cose non se ne avvolgono soltanto, ma discoprono il loro cuore, una loro segreta palpitante intimità. Il tocco della luce le spoglia di un fragile e opaco involucro, le rivela quali sono, le rende luminose e illuminanti, luce nella luce, le ricrea, le santifica [...]. Non v'è povertà fuori di noi, né aspetto che sia uniforme, né alcunché di monotono. La povertà è soltanto dentro di noi se tardi alla religiosa sensazione della bellezza e sordi alla festa liturgica di forme, di colori e di suoni che ci si svolge d'ognintorno[5].

Per Olga l'arte non può seguire percorsi convenzionali, rigidi, omologati, ma rappresenta sempre un punto di vista originale sulle cose, il trionfo dell'individuo sull'incessante massificazione. Purtroppo, l'ingresso nel mondo globalizzato ha portato maggiore benessere, apparente progresso, accelerazione della produzione e del consumo, ma di contro anche un appiattimento

---

[5] Ibidem, pag. 12, 14, 15

della creatività nei confini del business che tende a serializzare qualunque cosa.

È l'era dell'*Homo Consumens* di Bauman[6], ma in realtà già nel 1978 il premio Nobel per la Letteratura Solgenitsin indicava come il vero pericolo per la società occidentale fosse nel costante e incontrollato desiderio di avere sempre più beni e una vita migliore in termini materiali, tendenza che dominando il pensiero umano, avrebbe finito per tarpare le ali al libero sviluppo intellettuale e spirituale dai quali dipende anche il processo di creazione artistica. Solgenitsin affermò che: *Contrasti e conflitti spesso mortali hanno prodotto personalità più forti, più profonde e più interessanti, di quelle generate dagli standard del benessere occidentale*[7].

Forse l'arte nasce sempre da un conflitto, forse è davvero la risposta alla disarmonia dei propri tempi e della propria psiche, forse per questo Dostoevskij diceva che la bellezza salverà il mondo. Nella società liquida che teme il conflitto, la paura, il dolore fisico, la bruttezza, il sacrificio, la diversità in tutte le sue forme e che in nome

---

[6] Francesco Maria Provenzano – Elena Cartotto "Io resto a casa. Come eravamo, come stiamo cambiando" Pellegrini Editore (2020)
[7] Il Foglio, 27/08/2018

della ripetizione distrugge l'improvvisazione,
che posto avrà mai l'arte se non quello di ancella
del dio denaro?

—41—

CORAGGIO E VOLONTÀ

*"Il segreto dell'esistenza umana non è vivere per vivere,
ma avere qualcosa per cui vivere."*
F. Dostoevskij

Per tornare ad essere creativi occorre coltivare una qualità che non è più di moda nel nostro tempo pavido, ossequioso verso le comodità e la cultura massificata: questa qualità, secondo Olga, è il coraggio della solitudine. Saper stare da soli non significa rifiutare i sentimenti e le relazioni, ma, come scriveva il saggista Milan Kundera, occorre: *Essere coraggiosi nella solitudine, senza testimoni, senza il premio di un consenso, soli davanti a se stessi.* Nel mondo odierno sentirsi parte della collettività vuole spesso dire vivere di slogan, parteggiare per l'una o per l'altra fazione, quasi che la vita fosse diventata un'eterna partita di calcio. La velocità di internet nel suo subissarci di informazioni le cui fonti non sempre sono chiare, l'uso costante di immagini, emoticon, sigle e parole destrutturate sviliscono il confronto intellettuale ed etico fra le persone su tutto ciò che riguarda l'interesse pubblico. Viene quindi da chiedersi se questo 'prendere posizione' davanti agli altari della mondanità per ottenere più consenso sociale e sentirsi conformi al pensiero della cultura dominante, non svilisca profondamente quello che è il vero 'esame di coscienza'; un esame che avviene in completa solitudine, in silenzio, senza gli sguardi e gli applausi di nessuno. Olga ci tiene all'esame di coscienza, lo fa ancora a 95 anni. È un'eredità della sua infanzia e della sua educazione religiosa.

«Bisogna avere il coraggio di trovare dei momenti per stare da soli con noi stessi e liberarci da questo falso sé che, come un vestito, indossiamo la mattina e togliamo la sera. Alcuni ce l'hanno cucito addosso alla stregua di una seconda pelle! È un atto di umiltà, in fondo, che ci aiuta a ridimensionare il nostro Io. Riconoscere gli sbagli, i torti, ma anche le cose buone che abbiamo fatto e pensato. Riconoscerci mancanti nelle nostre zone d'ombra e bisognosi di aiuto, ci aiuta a fare spazio alla luce, a quella Luce che per me è Dio. Lui non ci giudica, ma ci dona la luce affinché da noi stessi possiamo giudicare i nostri comportamenti! Non deve essere un'attitudine atta a svalutarci, a fustigarci, tutt'altro.

C'era un pensatore cristiano, Gilson, che faceva un confronto tra la mentalità dei greci e quella dei cristiani. I greci, secondo lui, dicono: conosci te stesso per sapere che non sei un Dio, ma un mortale. I cristiani invece dicono: conosci te stesso per sapere che sei un mortale, ma l'immagine di un Dio. Non trovi sia bellissimo? Nell'umiltà della solitudine, di fronte alla nostra nudità morale e spirituale, con la nostra miseria umana che ci alita accanto, Dio ci prende per mano e ci ricorda che siamo fatti a sua immagine, che siamo il suo capolavoro, ed è questa la nostra vera forza.

Quante volte sentendomi totalmente sola di fronte a scelte difficilissime da dover compiere e a momenti drammatici da superare, l'ho invocato come Padre. E mi ha sempre risposto. La mia fede è grande. So che è un dono, una fortuna e che tanti dei miei ragazzi non ce l'hanno, perché nessuno li educa ad aprire il loro cuore a questo grande mistero. Per questo vanno aiutati ancora di più. Io invece è proprio nella solitudine che ho imparato a pregare. Ah, per me l'ora della preghiera è un'ora sacra. O prego bene o non prego affatto! Io mi astraggo completamente da tutto quando dialogo con Dio: del resto chi in questo nostro mondo, trovandosi a colloquio con un imperatore, un Presidente, un Ministro, si lascerebbe distrarre dalle voci, dal telefono, da altre occupazioni? E quindi, se ci comportiamo così con gli uomini che per il nostro status sociale contano, figuriamoci con Dio! Io mi ricordo ancora mia madre che ci faceva le scarpe di pezza, quelle buone, per andare in chiesa la domenica, perché era una giornata di festa!»

Diceva il saggio Seneca che la solitudine è per lo spirito ciò che il cibo è per il corpo[8]. Un'opinione questa che nel corso della storia ha sempre trovato seguaci, tanto che anche lo scrittore Thomas Mann, autore del celebre romanzo *La morte a Venezia* scrisse: *La solitudine fa maturare la creatività, l'arte, la poesia*[9]. Psicologi e sociologi sono abbastanza concordi: sviluppare le proprie intuizioni, i propri *insight,* come si usa dire oggi,

[8] Francesco Maria Provenzano – Elena Cartotto "Io resto a casa. Come eravamo, come stiamo cambiando" Pellegrini Editore (2020)
[9] Psicoadvisor.com "Perché le menti più brillanti necessitano di solitudine" 27/01/2017

risolvere problemi, aumentare la capacità di concentrazione e apprendimento implica il saper stare da soli per poter indirizzare le proprie energie verso un punto preciso. La presenza degli altri arricchisce le nostre abilità relazionali e aiuta a far maturare l'affettività, quando i rapporti sono sani. Però, contemporaneamente, deconcentra perché crea un bisogno, difficilmente controllabile, di essere accettato dall'altro, di non deludere le sue aspettative, di rispecchiare i suoi sentimenti. Ecco il falso sé di cui parla Olga. Un falso sé che a volte non è nemmeno cattivo o ripugnante: è semplicemente estraniato, lontano dal suo centro, viandante alla periferia della propria anima.

Perfino la capacità di leadership sembra connessa alla solitudine e uno studio dello psicologo Mihaly Csikszentmihalyi, noto per le sue ricerche sulla felicità e la creatività, colui che introdusse il concetto, ormai noto e altamente utilizzato di flusso, evidenziò che gli adolescenti che non sopportavano la solitudine non erano in grado di sviluppare talenti creativi.

Il celebre sociologo Zygmunt Bauman lo afferma anche lui molto chiaramente.

*Quando si evita ad ogni costo di ritrovarsi
soli, si rinuncia all'opportunità di provare la solitudine: quel sublime stato in cui è possibile rac-
cogliere le proprie idee, meditare, riflettere,
creare e, in ultima analisi, dare senso e sostanza
alla comunicazione. Certo, chi non ne ha mai gu-
stato il sapore, non saprà mai ciò che ha perso,
ha lasciato indietro, a cosa ha rinunciato*[10].

«Io sono partita da sola per la Svizzera», mi
ricorda Olga. «È vero, a Winterthur c'era mio zio
Riccardo, e quando sono andata sul lago di Co-
stanza a Kreuzlingen, ho raggiunto mia sorella
Lina e il marito che mi avevano invitato a vivere
lì per approfittare del grande sviluppo industriale
di quelle zone. Di fatto, però, io avevo lasciato la
mia terra, i miei genitori a cui ero legatissima. Ci
è voluto coraggio.»

«Che cos'è per te il coraggio, Olga?»

---

[10] Zygmunt Bauman "Cose che abbiamo in comune. 44 lettere dal mondo
liquido" Laterza Editore (2012)

«Il coraggio viene sempre da grandi sofferenze. Se non ci lasciamo schiacciare dagli avvenimenti difficili della nostra vita, se non molliamo il colpo nell'ora più buia, allora acquisiremo coraggio! E il coraggio una volta conquistato non lo perdi più, diventa una moneta spendibile su tutti i fronti. Non sempre si nasce con un coraggio da leoni, a volte il temperamento naturale può essere timoroso o ansioso, ma se resisti anche quando il tuo cuore sembra esplodere e non ti fermi, allora diventerai coraggioso. Io sono arrivata a realizzare i miei sogni perché ne ho passate tante in vita mia, ma non mi sono mai arresa: alla fine non avevo più paura di niente.»

Nelle parole di Olga sembra di sentir riecheggiare quelle di Martin Luther King.

Alle volte, nella nostra vita, i venti di coda della gioia, del trionfo, dell'appagamento ci favoriscono, e a volte, i venti di testa della delusione, del dolore, della tragedia, battono inesorabilmente contro di noi. Permetteremo noi che i venti avversi ci sopraffacciano, mente viaggiamo attraverso il grande oceano

*della vita, o i nostri interiori motori spirituali ci sosterranno ad onta dei venti?
Il nostro rifiuto di lasciarci fermare, il nostro 'coraggio di essere', la nostra decisione di andare avanti 'a dispetto di', tutto ciò rivela l'immagine divina che è dentro di noi. L'uomo che ha fatto questa scoperta sa che nessun peso può sopraffarlo e nessun vento avverso può portar via la sua speranza[11].*

Coloro che innovano, costruiscono, creano, fanno impresa, o ricercano con ostinazione la verità devono avere coraggio; coraggio che, come scriveva il sociologo Francesco Alberoni[12], è prima di tutto una virtù morale e sociale da non confondere con l'incoscienza, la temerarietà o l'avventatezza. Serve coraggio per sottrarsi a pregiudizi e luoghi comuni, per cambiare gli stereotipi culturali e sociali, per identificare pericoli, ma anche opportunità, per andare oltre le apparenze. Il coraggio ha molte facce: a volte può es-

---

[11] Martin Luther King "La forza di amare" Sei Editore (1963)
[12] Francesco Alberoni "Abbiate coraggio" Rizzoli (1998)

sere un atto eroico di sfondamento, altre di resistenza oltre ogni limite. Ci vuole coraggio per parlare, ma anche per tacere.

> *Il coraggio non è un atto isolato, un impulso momentaneo. È un'azione completa e complessa, che deve essere perseguita fino al suo obiettivo finale. Gli sforzi maggiori non sono quelli dell'inizio, ma quelli necessari, in seguito, per resistere alle nostre debolezze e agli ostacoli imprevisti che dobbiamo affrontare con pazienza e sagacia. Il coraggio non è solo la virtù del cominciamento, ma del proseguimento, del completamento e della lungimiranza[13].*

«Sai, anche dalle piccole cose della vita si può attingere coraggio. Non sempre abbiamo bisogno di grandi proclami o gesti dimostrativi. Quand'ero in Svizzera accompagnavo mio zio Riccardo a passeggio con i miei cuginetti. Lui

---

[13] Ibidem, pag. 49

non aveva potuto studiare fino a 18 anni come invece aveva fatto mio papà, perché la nostra famiglia era una famiglia di nobili purtroppo decaduti con la Prima guerra mondiale. Per cui, da un certo punto in poi, tutti avevano dovuto occuparsi dei campi per poter sopravvivere. Lui diceva che Marcello, mio padre, era quello intelligente: sai, papà si fermava a leggere il giornale ai contadini analfabeti che lo ascoltavano pieni di gratitudine. Zio Riccardo, però, non era da meno, aveva una voce stupenda da tenore con cui incantava la gente perfino per strada quando intonava uno dei suoi canti. Ecco, in un paese straniero, giovane com'ero, senza i miei genitori, presa nel vortice del nuovo impiego che mi obbligava a dei ritmi di lavoro frenetici tipici della catena industriale, trovavo il coraggio di andare avanti grazie anche a queste piccole cose, ai momenti di pausa con le amiche, alla bellezza di certi tramonti, alle passeggiate con mio zio che mi faceva dono della sua voce. Ancora la sento tremare nell'aria quella splendida voce e mi riempie di commozione e di coraggio ogni volta che ci penso.»

Olga ha gli occhi lucidi.

Il coraggio è fortemente connesso alla volontà, ossia a quella spinta vitale che ci porta a compiere non solo le azioni necessarie alla sopravvivenza fisica, ma indispensabili per la nostra crescita intellettuale, morale e spirituale. Perseguire con coraggio la propria volontà realizzatrice significa avere una missione. E Olga una missione ce l'ha sempre avuta: creare abiti e insegnare ai giovani con la sua stessa passione tutto quello che ha appreso nelle sue esperienze di studio e lavoro all'estero.

«Ho sempre voluto scappare dalla campagna, non mi piaceva lavorare la terra, anche se l'ho fatto. Non pensavo a sposarmi, come invece era consuetudine per ogni donna della mia epoca. Sono sempre stata diversa dalle mie sorelle che hanno seguito percorsi più tradizionali, anche se poi mi hanno aiutato tantissimo nella mia impresa. Io volevo andare a scuola, conoscere, migliorare le mie capacità creative e tecniche, confrontarmi con chi ne sapeva più di me: se vuoi insegnare non puoi mai smettere di imparare a tua volta. Ed io volevo insegnare, trasmettere ai giovani questo sacro fuoco che avevo dentro e che mi faceva muovere le mani. La cosa che desideravo di più era lavorare sui tessuti, la mia non era ambizione fine a se stessa. Io non volevo diventare qualcuno, volevo diventare Olga Fiorini. Sono sempre stata determinata e ottimista, anche se timida e di carattere nervoso. Avevo una fiducia enorme nella vita e in Dio: dovevo farcela a qualunque costo. Era questa la mia missione.»

Tutti noi per vivere, e non limitarci a sopravvivere, dobbiamo avere una missione in cui credere e da portare a termine.

Scrive Alberoni:

Per farlo occorre la volontà, l'esercizio quotidiano della volontà. Solo con la volontà teniamo fissa la meta e resistiamo ai dubbi, alle debolezze, alle delusioni. Tutti coloro che hanno realizzato qualcosa di grande sono stati fedeli al loro compito con fermezza resistendo alle difficoltà, all'insuccesso, all'incomprensione. Dante ha passato in esilio gran parte della sua vita. Shakespeare ha lasciato la casa, la famiglia, i figli. Mozart ha scritto musica come un forsennato come se sapesse che sarebbe morto giovane. Beethoven ha continuato a comporre anche quando è stato colpito dalla sordità. Nietzsche ha lottato contro la pazzia. Freud ha resistito alle critiche, alle derisioni, alla malattia. Ma ciò che vale per i grandi personaggi della storia dell'umanità vale per ogni essere umano.[14]

Non sempre, però, è facile capire quale sia la nostra missione. Per arrivare a questa comprensione profonda occorre affinare la sensibilità verso la voce notturna dell'inconscio e i richiami spirituali. Occorre diventare consapevoli di essere depositari di un mistero. Molta parte della nostra vita consiste proprio nel portare alla luce questo mistero e trasformarlo in destino.

---

[14] Ibidem, pag. 85

I GIOVANI,
TRA CRISI E TALENTO

"È nella crisi che sorge l'inventiva,
le scoperte e le grandi strategie."
A. Einstein

Alcune ricerche testimoniano l'aumento indiscriminato, nell'ultimo decennio, delle personalità narcisistiche con tutte le loro derive: l'individuo non vuole più esprimere se stesso secondo i propri talenti, vuole mettersi in mostra ed essere guardato[15]. La complessa ricerca della propria personalità, documentata in passato da psicologi, filosofi, letterati, oggetto di racconti spietati nei diari privati degli adolescenti di un tempo, pare ridursi oggi alla compulsiva ricerca di immagini,

---

[15] Francesco Maria Provenzano – Elena Cartotto "Io resto a casa. Come eravamo, come stiamo cambiando" Pellegrini Editore (2020)

molte delle quali finiscono, naturalmente, su internet. Parlare visivamente, aggirando il problema del linguaggio e di conseguenza del pensiero, non solo è più comodo rispetto al misurarsi con le sfide intellettuali della società, ma può diventare pericoloso. Una potenziale personalità narcisistica rischia di spezzarsi davanti alla prima negazione di immagine percependola come una negazione di valore. È quel che avviene nei complicati processi di bullismo telematico, dove l'attacco personale che si subisce da parte del gruppo, diventa globale e spesso va ad intaccare non la persona, ma la sua immagine. Poiché, però, i due piani reale e virtuale sono oramai confusi e la dimensione del web allarga a dismisura gli utenti, passivi o attivi, di abusi, il danno che una persona, specialmente giovane, ne può ricavare, è ancora più grande.

«I giovani di oggi sono meno attrezzati emotivamente di come lo eravamo noi, giovani del dopoguerra. Sono pieni di talento, idee, progetti: tanti miei studenti raggiungono dei risultati eccelsi e lo vedo ogni giorno. Eppure, al contempo, sono estremamente fragili rispetto all'idea che, attraverso gli strumenti tecnologici, gli altri possono farsi di loro, dei loro pensieri, obiettivi, sogni. Hanno paura di essere fraintesi, di apparire superficiali per l'uso che fanno del web; o al contrario temono di non essere adeguati ai trend del momento. La virtualità è un campo minato e bisogna imparare a gestirlo, soprattutto emotivamente. Internet e i social hanno innovato il modo di relazionarsi e di lavorare: nelle scuole e nel sistema educativo sono ormai fondamentali. In fondo, saper usare bene la tecnologia può ampliare anche le possibilità di un artista, non solo quelle di un ingegnere o di un manager. Per altro abbiamo visto l'estrema utilità degli strumenti informatici durante il periodo pandemico per continuare l'insegnamento. Però il web ci ha reso anche più esposti al giudizio; un giudizio fuorviante perché non in grado di tenere conto della complessità delle situazioni e delle persone. È come se fossimo perennemente in vetrina e questo per un giovane che si sta formando può essere difficile da gestire.

Non puoi concentrarti su ciò che gli altri pensano di te, su come ti vedono, sull'impressione che dai attraverso le tue foto, se ancora stai cercando di capire chi sei e di costruirti internamente. Diventare sé stessi, anzi, diventare quell'unico se stesso che nessun altro potrà mai eguagliare, è un vero e proprio lavoro! Ed è un lavoro che va fatto lontano da sguardi indiscreti, attraverso lo studio, rapporti umani e affettivi, esperienze di vita che devono restare private. Poi, certo, puoi comunicare attraverso internet, raccontarti anche per immagini, ma sempre mantenendo una certa distanza tra quel che sei veramente, intimamente, e quel che vuoi rappresentare nella rete.

Nelle popolazioni antiche, se ci pensi, i riti di iniziazione che sancivano il passaggio da una fase ad un'altra della vita, avvenivano dopo delle prove che spesso richiedevano al giovane iniziato di dimostrare la sua capacità di stare da solo a contatto con quella che era la dimensione divina e sacrale della vita. Il ragazzo doveva allontanarsi dalla tribù di appartenenza per trovare se stesso, la propria identità, e poi poteva tornare ed essere accettato dal gruppo. Oggi, invece, la società non richiede ai giovani di formarsi un'identità solida, ma al massimo di costruire un'immagine che possa essere socialmente accettabile, condivisibile e piacente. È ovvio che poi il giovane, parzialmente destrutturato, non sia in grado di dire di no e possa cedere su ciò che ritiene giusto, inglobato com'è nelle maglie di questa rete tecnologica che diventa, inevitabilmente, anche psicologica. Il concetto stesso di tribù, che ai miei tempi poteva essere quello di 'clan', ossia di famiglia allargata a un vasto ambito di parentele tipico della società contadina, non esiste più, si è smaterializzato. Oggi ci sono famiglie allargate, ma in senso diverso da allora, dove, al di là dei buoni propositi dei singoli, a volte si possono nascondere dinamiche conflittuali, e ci sono gruppi virtuali che non solo non hanno nulla a che fare con la famiglia e con il sangue, ma non hanno nemmeno a che vedere con i veri legami affettivi e di amicizia tra persone.»

In effetti diversi esperimenti psicologici sul rapporto tra giovani e nuove tecnologie effettuati nelle scuole hanno evidenziato come solo tre adolescenti su dieci sappiano resistere una settimana senza collegarsi ai social o a WhatsApp. Il rischio, come ha giustamente intuito Olga, che i giovani li conosce bene, è quello di farsi consumare dagli sguardi altrui e di vivere nella continua ricerca di un'approvazione esterna, che viene da fuori, bypassando un sano esame di coscienza silenzioso e assolutamente personale.

Scrive Ezio Cartotto:

> *Questa comunicazione mondiale capillarmente diffusa ha, però, creato le condizioni per una regressione etica, là dove i controlli vengono meno e tutto si può dire, pubblicare, inviare, mostrare, con le conseguenze che ben conosciamo soprattutto a livello di educazione giovanile: il web ha reso globale il bullismo, la prostituzione, la pedofilia e, se mi permettete, perfino l'ignoranza quando il pensiero critico viene meno e i giornalisti non controllano le fonti delle proprie informazioni. Valori non solo cristiani, ma anche civili sembrano scomparire nell'accelerazione tecnologica di questa tecno-esistenza imprigionata nella rete magica.[16]*

---

[16] Ezio Cartotto "Gli occhiali di Machiavelli" Amazon (2020)

«Noi ragazzi di allora, invece», prosegue Olga «avevamo risorse, ma anche problemi totalmente diversi rispetto a quelli che vivono i giovani di oggi. Dovevamo combattere con la fame, con la miseria più nera, ma avevamo, nella maggioranza dei casi, famiglie estremamente unite: pensa che venivano da noi, a Poggio Rusco vicino a Mantova dove abitavo, i fratelli della mamma da Verona, ogni quindici giorni, talvolta tutte le settimane, a riempirci la dispensa. La terra era occupata dai tedeschi, non potevi lavorarla. Quando finalmente sono andata a Bologna a studiare, perché è lì che ho preso il mio diploma universitario, mi è sembrato un sogno. Bologna per la moda era il top, nemmeno Milano aveva delle vetrine così belle! Mi ero fermata con lo studio e sono riuscita a mettermi in pari grazie ad una professoressa che mi ha aiutato a recuperare il tempo perduto. Purtroppo, non c'erano soldi per tutti e ho dovuto aspettare che le mie sorelle si sposassero per poter prendere la mia strada. È stato a quel punto che mia madre mi ha chiesto: *Olga, ma tu cosa vuoi fare?* Le risposi che non ero interessata a sposarmi e avere la dote per il matrimonio. E non volevo lavorare in campagna. Io volevo imparare e studiare. I giovani oggi non si rendono conto della loro fortuna ad avere la scuola a portata di mano con tutte le opportunità che offre! E a Bologna ho potuto studiare, perché ero stata la migliore nella prova d'ammissione, il mio abito era perfetto: è l'Università che mi ha pagato il corso, altrimenti non me lo sarei potuta permettere. Anche lì è stata la mano di Dio a intervenire, come in tantissimi momenti delicati della mia vita!

Devo dirti, però, che i ragazzi della mia generazione proprio perché si erano confrontati molto seriamente con la guerra, le sue privazioni e col rischio della morte, non avevano paura di nulla. Io per prima! Pur con tutti i miei dubbi e le mie ansie. Sono stata anch'io giovane sebbene, ora che ho 95 anni, potrebbe non sembrare» s'interrompe sorridendo. «Vedi», dice riprendendo il filo del discorso, ma con una punta di amarezza «i giovani andrebbero aiutati di più dalle famiglie e da insegnanti veramente preparati anche dal punto di vista educativo. Hanno una personalità più fragile di quella che avevo io alla loro età e vivono a velocità accelerata. Tutti abbiamo il fiatone come se stessimo correndo sempre: è il prezzo da pagare a quel che chiamiamo progresso. Come fanno i ragazzi ad avere il tempo di ascoltarsi dentro, di trovare la propria voce in questo turbine di stimoli, di rappresentazioni alterate della realtà? Guardarsi allo specchio e cercare nel proprio riflesso l'essenza di quel che siamo è un passaggio obbligato della crescita che non conosce divari generazionali: l'abbiamo fatto tutti. Però guardarsi attraverso il web e cercare un rimando di sé stessi che sia autentico, può diventare molto complicato. Si rischia di perdersi in un caleidoscopio. La scuola può fare molto nell'aiutare i giovani, perché è suo compito informare e formare. Però, non deve preformare, ossia incasellare. Io sono contraria a una scuola statica, impositiva, che premi l'allievo 'standard' che si uniforma a un modello ripetitivo. ACOF, il mio universo scolastico, continua ad evolversi proprio perché crediamo fortemente nell'innovazione e nella capacità di guidare la libertà e lo spirito di iniziativa degli studenti. E facciamo questo tenendo conto del contesto in cui operiamo in modo che i nostri studenti possano costituire la migliore risposta alle esigenze reali del territorio e della società tutta con le sue spinte intellettuali e creative.»

Queste riflessioni di Olga sul sistema educativo e sulla capacità che deve avere di tirare fuori dall'allievo la sua verità, unica e irripetibile, di individuo fanno pensare alla maieutica socratica applicata alla scuola. E vanno anche nella direzione auspicata dalla psicologa, esperta in comunicazione, Alessia Susani che nel suo libro *Pecore nere* mette in luce la crisi diffusa del sistema educativo; crisi non certamente dovuta a singole cattive volontà di professori o studenti, ma ad un sistema che imbriglia invece di liberare sia la cultura che il dialogo: è la deriva del villaggio globale.

Scrive Susani:

L'odierna società individualista mal tollera gli individui. Ciò che incoraggia e premia è l'attitudine passiva a farsi collocare in un alveo preformato dalla società stessa. Lo constatiamo banalmente osservando il funzionamento del sistema scolastico che fornisce punti di vista preconfezionati anziché promuovere le capacità critiche di ciascuno. L'allievo "modello" impara diligentemente tutto quel che c'è da imparare, è appunto quello che meglio degli altri aderisce allo stampo: eccelle in conformità, più che in autenticità e intraprendenza (...) si crede di dover inserire nei bambini nozioni e modi di pensare corretti, qualsiasi cosa significhi, piuttosto che imparare a tirar fuori capacità e talenti, con rigore e amorevolezza. L'Ombra ha perso la sua funzione di sprone, rimane lì, per lo più ignorata. Non c'è più bisogno di Eroi. Almeno fino a quando le sfide, individuali e collettive, non si fanno talmente stringenti da non poter più essere disattese.[17]

A volte gli studenti si 'bloccano' in questa conformità, evidenziata da Susani. Restano passivi di fronte alle infinite possibilità della propria evoluzione. Si limitano a restare nel recinto delle convenzioni scolastiche. Qui interviene Olga che deve 'sbloccarli'.

«Cosa intendi con la parola 'sbloccare'?» le chiedo curiosa.

---

[17] Alessia Susani "Pecore nere. Storie di umani fuori dal recinto" Fontana Editore (2021), pag. 29, 61

«I ragazzi sono bloccati quando non riescono più a raggiungere gli obiettivi per cui vengono a scuola: non studiano, non migliorano, non si evolvono, non crescono. A volte sono incapaci di sopportare il fallimento e la critica, altre si compiacciono eccessivamente per ciò che dicono o fanno, altre ancora si fanno influenzare troppo dai coetanei, dalle aspettative familiari, dagli standard mediatici e rischiano così di non trovare il loro vero talento. Mi è capitato di tenerli ore, anche mattine intere, nel mio ufficio per sbloccarli. E 'sbloccarli' significa capire perché non riescono in quello che è, o dovrebbe essere, il loro dovere. Io non ho mai fatto la preside perché non ho mai voluto tenere per me ruoli ufficiali davanti ai ragazzi. In questo modo ho sempre avuto anche più agio nel rapportarmi con loro. Certo, si sapeva che ero la fondatrice della scuola, ma non indossavo vesti istituzionali che potessero incutere timore. Ero semplicemente, e per tutti, "la signora Olga". Tenevo con me i ragazzi problematici, facevo loro delle domande, indagavo. Io comprendo le persone, ho sempre avuto una sorta di sesto senso. Penso siano il mio Angelo Custode e la Madonna a darmi i suggerimenti. Quando i ragazzi venivano da me io internamente pregavo. E così succedeva che alcuni si sbloccavano e piangevano, mi raccontavano cosa stava accadendo, come si sentivano, cosa li aveva prostrati tanto.

A volte mi mettevano al corrente di situazioni familiari disastrose: erano contesi dai genitori o, al contrario, nessuno dei genitori che si stavano separando li voleva tenere con sé, o ancora i genitori litigavano in maniera pesante, ragione per cui loro non studiavano, erano demotivati, privi di concentrazione.

Altre volte stavano semplicemente facendo un corso di studi che in realtà non avevano scelto consapevolmente. Si erano sentiti obbligati dalla famiglia o avevano seguito degli amici senza reale convinzione. Si erano per l'appunto conformati ad aspettative altrui.

Io, però, ho sempre cercato di spiegare ai miei studenti che la sfida, alla fine, è solo con sé stessi. Raggiungere l'obiettivo, arrivare alla meta, diventare qualcuno, aiuta perfino a risolvere atavici problemi familiari. È difficile, lo so, ma se sei impegnato in quella che in quel momento è la tua missione, non ti deve interessare quel che accade intorno a te. Nelle dinamiche relazionali che non ci riguardano direttamente, noi non possiamo entrare, anche se si tratta dei nostri genitori, o dei nostri fratelli. Però se riusciamo a scuola e nel lavoro, la soddisfazione è solo nostra e non ce la può togliere nessuno.»

«E se un ragazzo pensa di non avere un talento?» chiedo di getto a Olga. «Non è, forse, anche per questo che preferisce conformarsi al sistema? Per identificarsi in qualcosa di più grande che lo possa rappresentare, proteggere, garantire. Un po' come quando si è bambini e si rivestono i propri genitori di un ruolo quasi divino perché da loro dipende la nostra sicurezza. Si sa che per scoprire noi stessi, la nostra ispirazione interiore, dobbiamo mettere in discussione anche i genitori, toglierli dal piedistallo, discuterci, litigarci a volte, capire che sono esseri umani imperfetti. La stessa cosa, crescendo, dovrebbe essere fatta verso il 'sistema' che ci vuole costruire secondo le sue esigenze, i suoi valori e protocolli. Basti pensare a come le legittime aspirazioni umanistiche di molti studenti vengano ripetutamente frustrate da un sistema che continua a dire che servono solo i tecnici, gli informatici e gli economisti.»

«Verissimo», mi dice Olga «e ricordati che Dio a tutti dà qualcosa, un talento. Hai presente la parabola evangelica dei dieci talenti? Il problema è che quello che tu chiami sistema, e parlo soprattutto dei media, invece, ossessiona i nostri figli e nipoti con questi programmi televisivi competitivi, con i reality, dove devi metterti in mostra e uscire vincitore a scapito degli altri, con questo mito della perfezione corporea: perfino le ragazzine chiedono ai genitori in regalo interventi di chirurgia estetica in molti casi davvero superflui.»

Il corpo esibito e perfetto è un must del nuovo millennio. Eppure, questa perfezione non fa altro che incentivare l'omologazione. Occorrerebbe, invece, spingere di più a coltivare il fascino, vera forza eversiva in un mondo che vuole sbattere tutto in vetrina quasi che questa nostra esistenza fosse un eterno mercato in cui esporre le merci da vendere, numerare, catalogare, comprare, con prezzi definiti. Il fascino, in fondo, non si può intrappolare in numeri e misure. È l'essenza stessa della nostra libertà in quanto creature uniche e irripetibili pur con tutte le nostre imperfezioni; è un nemico dichiarato della società omologata, perché mette in primo piano il mistero del singolo individuo, il suo quid speciale, ossia ciò nessun altro può copiare. In altre parole, la sua diversità.

Scrive Coelho:

> *È grave essere diversi? È grave sforzarsi di essere uguali: provoca nevrosi, psicosi, paranoie. È grave voler essere uguali, perché questo significa forzare la natura, significa andare contro le leggi di Dio che, in tutti i boschi e le foreste del mondo, non ha creato una sola foglia identica a un'altra.*[18]

A volte si ha l'impressione di vedere in atto un processo di disumanizzazione: l'uomo del futuro, è un uomo 'robotico' perché come i robot non può ingrassare, invecchiare, ammalarsi, o uscire dai limiti in cui la rigida struttura che l'ha pensato, progettato e realizzato l'ha posto. Un robot può solo essere smantellato e rottamato.

---

[18] Paulo Coelho "Veronika decide di morire", Bompiani, 1999

È il nuovo razzismo del XXI secolo che sembra riguardare l'eterno conflitto, topos dei romanzi di fantascienza, tra l'uomo di carne e sangue, imperfetto, e i robot, perfetti, controllati da fili, chip, adeguati agli schemi. Robot che possono essere sempre localizzati, che non procreano, che non avranno mai le rughe, il viso cadente, i capelli troppo lunghi o corti, l'acne o il covid. E potremo anche decidere di non dare loro una precisa identità sessuale in modo che siano politically correct. L'uomo robotico sarà il nuovo Frankenstein. Di fronte a questo panorama gotico-futuristico che si comincia ad intravvedere possiamo solo tornare ad aprire i libri di storia per difenderci dai razzismi di ritorno, dalla mentalità propagandistica, dal baratto tra la nostra libertà e la sicurezza di un mondo d'acciaio senza più orizzonti, ma solo confini. E soprattutto dobbiamo ricordarci che siamo essere umani, imperfetti per costituzione. Il premio Nobel Rita Levi Montalcini ci scrisse addirittura un libro dal titolo suggestivo: *Elogio dell'imperfezione*.

«Vedi» m'incalza Olga, «il problema dell'omologazione che il futuro potrebbe esacerbare portando, almeno idealmente, alla costruzione dell'uomo-robot, spinge diversi *giovani a essere delle fotocopie invece che degli originali.* Sai chi lo diceva questo? Un ragazzino di 15 anni, morto in odore di santità, che forse diventerà il nuovo patrono di internet, Carlo Acutis. Ecco, questo è un esempio splendido da seguire per i giovani.»

Non stupisce che Olga, a cui piacciono i giovani, ami la figura di Carlo Acutis. Carlo è la risposta più rivoluzionaria che si possa immaginare da parte di un giovane ad una società che lo vuole ingabbiare, controllare, esporre a oltranza, definire secondo numeri e codici predefiniti. Carlo nel suo breve percorso di vita ha dimostrato come trovare sé stessi significhi trovare il proprio fascino, la propria anima, finalmente libera da qualsiasi parcellizzazione.

La bellezza è un dono da coltivare, e non va confusa con uno standard mediaticamente imposto, altrimenti si diventa tutti più 'uguali', omologati a una società che premia chi si adegua e non chi si distingue. Forse per questo ci si lamenta spesso che un po' in ogni campo mancano le forti personalità.

Carlo Acutis è stato beatificato ad Assisi nel 2020.

Nativo digitale abilissimo con i computer, è morto nel 2006, all'età di 15 anni, per una leucemia fulminante. Questo ragazzo, dotato di una forte sensibilità verso il divino, si era modellato sull'esempio di San Francesco.

Amava usare l'espressione: *non Io, ma Dio!* per spingere i suoi coetanei a sviluppare un'attitudine meno competitiva e più cooperativa che favorisse il rapporto umano, ma anche quello con il sacro.

Poi c'era il profondo rispetto che San Francesco aveva per il creato e che anche Carlo ha sviluppato e messo in atto attraverso costanti gesti di amore nei confronti degli animali e della natura in generale.

Inoltre, Carlo amava molto Francesco per la sua spiritualità fanciullesca da 'giullare di Dio': Carlo era un ragazzino allegro, simpatico, aveva ottimi rapporti con amici e compagni di scuola.

Si rispecchiava totalmente nell'amore di san Francesco per 'Gesù Eucarestia': qui risiedeva l'aspetto più propriamente mistico e contemplativo di Carlo Acutis che partecipava alla S. Messa quotidiana, all'adorazione eucaristica e che aveva addirittura chiesto ai suoi genitori, non particolarmente praticanti, di anticipare la sua Prima Comunione.

È proprio il forte legame con Gesù nella sua forma eucaristica che spinge Carlo a ideare e organizzare una mostra sui Miracoli Eucaristici di ogni tempo e luogo che, ancora oggi, molti anni dopo la sua morte, gira per l'Italia e il mondo intero ospitata da parrocchie e università.

Carlo, dotato di particolare sensibilità spirituale e affascinato dai misteri religiosi e dai segni che il Cielo era in grado di dare agli uomini, aveva intuito l'importanza di sviluppare i temi portanti della sua fede attraverso l'ideazione e organizzazione di eventi di natura artistica come le mostre.

Non ha lasciato testi o scritti particolari, ma il suo pensiero è stato definito 'straordinariamente teologico' per un ragazzo della sua età.

Tra le sue frasi rimaste maggiormente nel cuore di chi a lui si ispira spicca proprio quella che Olga ricorda come un monito per i suoi studenti: *"Tutti nasciamo come degli originali, ma molti muoiono come fotocopie"*.

«È davvero una grazia che Dio ci abbia dato un futuro Santo come Carlo Acutis», dice Olga ravvivata da questo pensiero «perché oggi quando si parla di giovani difficilmente si accenna alla dimensione spirituale che, se ci fai caso, non ha più spazio nei contesti educativi, talvolta nemmeno in quelli propriamente religiosi. Carlo era un ragazzo di buona famiglia, con genitori, come loro stessi ammettono nelle interviste, non particolarmente devoti. È quindi l'esempio perfetto del fatto che si può diventare santi a qualunque età, senza essere poveri o venire da una vita di privazioni, e senza rinunciare ai propri sogni, ai propri talenti, agli amici. Abbiamo un po' un'idea sbagliata della 'santità' come un qualcosa che non è appetibile perché si raggiunge col cilicio e il distacco dal mondo. Non è vero. La santità dipende da quel che facciamo con i doni che Dio ci ha dato.

Io quand'ero ragazza non morivo dalla voglia di somigliare a quella o a talaltra diva e, soprattutto, non volevo realizzare abiti che fossero uguali a quelli di altri. Il mio desiderio era di mettere a frutto i talenti che Dio mi aveva dato, per questo sono diventata Olga Fiorini. Eppure, sono stata amica e ho frequentato vari stilisti, più celebri della sottoscritta, che sono anche venuti a tenere lezione da me quando ho acquistato via Varzi nel 1988 e fondato la scuola.»

Olga Fiorini aveva iniziato l'attività di insegnamento nei laboratori sartoriali di via Cremona a Busto Arsizio che occupavano il piano terra di casa sua. L'espansione continua della sua impresa portò centinaia di studenti nel poco spazio che aveva a disposizione: a un certo punto dovette per forza fare il salto di qualità. Fu allora che acquistò via Varzi ancora oggi quartier generale del suo impero. Aveva 60 anni, età che molti vedono già come l'ultimo gradino prima della pensione. Olga, invece, non pensava affatto alla pensione: anzi stava per dare inizio ad altri trent'anni di storia.

«Da me sono venute a tenere lezione delle firme pazzesche del mondo della moda. Ti parlo di Fiorucci, Missoni, Egon Von Furstenberg e, soprattutto, Soprani, che adoravo. Non solo era uno stilista e un disegnatore eccellente, ma era anche molto buono di carattere, aveva la semplicità di un bambino. Vederlo insegnare è stato qualcosa di unico. La moda era la nostra visione applicata alla realtà e ognuno aveva la sua, ma il nostro Io veniva modellato dalle nostre mani e ci piaceva essere diversi l'uno dall'altro, non ci interessava diventare personaggi, ma costruire imprese, sogni da mettere a disposizione di tutti.

E quindi la domanda che mi pongo è questa: cosa vogliamo fare, oggi, come scuola? Vogliamo creare dei robottini, dei piccoli divi ipersensibili alle opinioni altrui che basta un soffio di vento per buttarli a terra o vogliamo educare ragazzi dallo spirito nobile, eroico, capaci di darsi totalmente a un sogno, a una missione, a un progetto, perché è lì che realizzeranno sé stessi fornendo, al contempo, il loro contributo alla società?»

Possiamo ammirare gli altri, lasciarci affascinare da ciò che fanno, dal modo in cui lo fanno, ma non dobbiamo farci sedurre dal loro successo, perché potremmo non capire più se ciò che ci attira veramente è il risultato che ottengono, ad esempio denaro, potere, visibilità sociale, o se siamo realmente interessati a seguire il loro percorso professionale, perché in qualche modo ci risuona dentro. Imitare l'altro deve essere un passo verso il trovare sé stessi, un po' come fa l'artista che copia i grandi Maestri per carpirne tecniche e segreti del mestiere, ma poi *deve individuare la parte più vera e inespressa di se stesso, deve dimenticare il maestro e realizzare il proprio inconfondibile stile*[19]. Per capire quale sia la vera vocazione che abita in noi dobbiamo imparare a fare attenzione ai segnali, anche piccoli, che la vita, ma anche la nostra stessa anima, ci mandano. Quella forza misteriosa che Olga ha sentito dentro in tante situazioni difficili della sua esistenza e che l'ha spinta, perfino, a fare scelte azzardate, ne è un esempio.

«Mio padre era mezzadro e io non ho avuto una casa mia fin dopo il matrimonio. Ho pagato sostanziosi affitti per moltissimi anni. Quando sono tornata in Italia dalla Svizzera, nel 1956, chiamata da mia sorella Lucia e da suo marito che mi avevano avvisato di come la zona di Varese si stesse espandendo da un punto di vista industriale, prima ho vissuto a Solbiate Olona, poi a Busto Arsizio. I miei genitori sono stati a lungo

---

[19] Francesco Alberoni "Abbiate coraggio" Rizzoli (1998), pag. 82/83

in casa con me e lo stipendio di mio marito equivaleva al costo dell'affitto. Alla fine, ero io a mantenere tutta la famiglia perché i miei genitori, poverini, non possedevano nulla dato che avevano sempre lavorato in campagna. A un certo punto, però, i proprietari di questa abitazione dove vivo ancora oggi, hanno deciso di vendere ed è stata una mia cliente, un'importante commercialista, a favorire tutta la trattativa di acquisizione. Ci siamo messi d'accordo per un pagamento rateizzato, per quanto impegnativo, perché io avevo capito che non potevo più girovagare da una città ad un'altra e continuare a traslocare: era necessario avere un punto fermo sia per la sartoria che per insegnare. I giovani arrivavano a frotte, ormai questa casa fungeva contemporaneamente sia da laboratorio che da scuola. Mi piaceva molto insegnare a disegnare, a dare una forma alla creatività, a fare i modelli, a tagliare, cucire, confezionare vestiti. Ed il bello era che gli studenti quando imparavano quest'arte si esercitavano in famiglia e con gli amici. Così mi facevano molta pubblicità gratis. Oggi dovrei mettere le foto dei miei abiti su qualche pagina online o sui social, ma all'epoca i social erano questi», dice ridendo. «Olga Fiorini era ormai diventata un marchio e nemmeno me ne ero accorta talmente ero impegnata a costruire ciò che avevo in mente. Lavoravo di giorno per la sartoria, mentre la sera e i weekend davo lezioni. Credimi, sono partita che ero poverissima, il mio stato finanziario si fondava su un equilibrio molto precario e comprare questa casa fu un azzardo. Mio padre fu felicissimo di vivere per la prima volta in una casa che poteva considerare sua e quasi non riusciva a crederci. Morì poco dopo, era il 1980. Ci rimasi malissimo, per me fu uno strazio. È strana la vita. Quando, finalmente, mio papà poteva godersi la serenità di una casa, Dio decise di portarmelo via. Però gli diede anche questa grande soddisfazione di vedere sua figlia realizzare ciò che lui, per tutta una serie di circostanze avverse, non era riuscito a fare per sé e la sua famiglia nell'arco di un'intera esistenza.

Ironia della sorte, è accaduta la stessa cosa con mia madre. Comprata questa casa la mia attività continuava a espandersi alla velocità della luce e invece di essere giunta a un traguardo come pensavo, dato che finalmente avevo un luogo molto ampio a disposizione per fare lezione, mi accorsi che ero solo all'inizio! I giovani arrivavano e io non sapevo più dove metterli. Avevo centoottanta ragazzi iscritti ai miei corsi, ma contemporaneamente non avevo spazio per tenere le lezioni pur sfruttando tutti i locali della sartoria. In affitto non trovavo niente, dovevo comprare, ancora, per forza!

Mi proposero via Varzi dove tutt'oggi c'è il cuore della mia scuola. Non c'erano soldi per comprare: un'altra persona nella mia situazione avrebbe lasciato perdere. Io invece sapevo che dovevo trovare una qualche soluzione per comprare i locali di via Varzi. Una forza interiore mi spingeva a farlo e non c'era verso di farla tacere.

Bene, sono andata dalle banche e ho iniziato a discutere con loro! Lì ho compreso che stavo diventando un'imprenditrice: finché non litighi con le banche non lo sai. Alla fine, arrivammo a un accordo, naturalmente molto più favorevole a loro che a me, ma io accettai ugualmente nonostante l'impegno gravoso che mi ero accollata. Ricordo ancora mia madre spaventata e pallida alla notizia, e che mi chiedeva incessantemente come avessi potuto fare una cosa simile. Le dissi che Dio era con me e che ero serena. Avevo aperto un mutuo molto lungo e consistente, eppure ero in pace con me stessa. Mia madre capì e si tranquillizzò, anzi, mi disse di andare avanti, come Enrico, mio marito. Lui non ha mai dubitato delle mie scelte lavorative e mi ha sempre spinto a fare ciò che sentivo. Figurati che terminato il lavoro in ditta, Enrico tutti i soldi della liquidazione li ha messi nella scuola.

Purtroppo, però, anche questa importantissima operazione imprenditoriale fu funestata da un lutto. Comprata la sede di via Varzi, morì mia madre nel 1988. Insomma, per ogni gradino in più che costruivo sulla scala professionale, perdevo un pezzo di terra sotto i piedi. E un pezzo di cuore.»

La vita di Olga è costellata da segnali e coincidenze che le indicano la strada e lei desidera che anche i suoi ragazzi diventino capaci di decifrare questi suggerimenti che provengono da una dimensione ignota e nascosta, di interpretare i segni del tempo.

Il tempo, come ha ben sottolineato il filosofo e premio Nobel per la Letteratura Henry Bergson, non è solamente ciò che si conta numericamente, a ritmo, quasi battendo il piede, come mera successione di istanti da sfruttare in modo pragmatico con fini pratici. Il tempo è durata il che significa che nel suo fluire si porta dietro il passato anticipando il futuro: quel che saremo, in fondo, è già dentro di noi, è solo una nuova espressione della nostra anima.

Che cosa può essere un segnale? Si domanda il sociologo Francesco Alberoni.

Come riconoscere i segnali positivi che ci stanno indicando una via da perseguire?

Ad esempio, un bel segnale è quando incontriamo una persona che è esattamente come noi vorremmo o potremmo diventare e ciò non produce in noi invidia, ma una sorta di religiosa ammirazione.

Oppure può capitare che visitando una città, o un luogo particolare come un negozio, un ristorante, un teatro, proviamo la sensazione che quella sia la nostra vera dimensione, la nostra casa.

E sentiamo un profondo e nostalgico struggimento, perché ci rendiamo conto che dovremo lasciare quel posto.

Francesco Alberoni scrive:

Lo descrive molto bene Andersen nel celebre racconto, quando il brutto anatroccolo vede i maestosi cigni. Lui non sa di essere un cigno, ma, osservandoli, coglie qualcosa che lo affascina, lo stupisce e lo commuove. In loro oscuramente percepisce la sua natura e il suo destino.[20]

---

[20] Francesco Alberoni "Abbiate coraggio" Rizzoli (1998), pag. 83

ETICA, DIGNITÀ, FEDELTÀ A SÉ STESSI

*"È indegno dell'uomo perdere
la propria individualità e diventare
una mera rotella nell'ingranaggio."*
Mahatma Gandhi

Olga è attenta alla *mano di Dio* per citare il titolo di un bel film di Paolo Sorrentino. Le piace la Provvidenza di manzoniana memoria che interviene nella storia personale di ognuno di noi, arrivando a dispensare speranza, coraggio, a scrivere dritto su righe storte, come avviene nel celebre episodio della conversione dell'Innominato ne *I Promessi Sposi*.

Ecco un libro che Olga vorrebbe rileggere. Si ritrova molto nel pensiero del Manzoni e in particolare in quella frase che dice:

La vita non è destinata ad essere un peso per molti e una festa per alcuni, ma un impegno per tutti, del quale, prima o poi, ognuno sarà chiamato a rendere conto.

Ci legge la sua forte etica del dovere che poi è la direzione di tutta la sua vita.

«Il dovere non è solo in alcune cose, ma in tutto. Non è qualcosa che si fa, come quando diciamo a un bambino 'fai il tuo dovere'. È un modo di essere che, per me, implica l'essere responsabili verso sé stessi e verso gli altri, l'essere onesti, intellettualmente e nelle cose che facciamo ogni giorno. Vuol dire fare la propria parte in famiglia, nel lavoro, nella società, aiutare i bisognosi, prendersi un impegno e rispettarlo. Io vengo da una famiglia nobile, anche se decaduta e le strade che hanno tracciato davanti a me, i miei genitori quando mi hanno educata, sono ben dritte. Con il termine 'nobile' non intendo mettere l'accento sul presunto sangue blu, ma su quella nobiltà che, nella mia epoca, significava non solo possedere un titolo, ma soprattutto dei valori fondanti rispetto a tutto il resto. L'etica del dovere è fra questi e a me non è mai mancata.»

Tempo fa lessi un'interessante intervista[21] al filosofo francese Folscheid, docente di etica biomedica. Faceva notare come nella società odierna l'etica utilitaristica di Jeremy Bentham che considera come unici valori morali il piacere e il dolore, abbia sostituito l'imperativo categorico kantiano fondato sul dovere morale. Molti studenti ricorderanno la celebre e suggestiva citazione di Kant:

> *Due cose riempiono l'animo di ammirazione e venerazione sempre nuova e crescente, quanto più spesso e più a lungo la riflessione si occupa di esse: il cielo stellato sopra di me, e la legge morale in me.*

Oggi, invece la moralità pare sia stata sostituita da quella che Nietzsche ha definito 'moralina', ossia la sua falsa versione emotiva. Precisa Folscheid:

---

[21] È nato l'uomo nuovo, Intervista a Folscheid, Il Foglio Quotidiano, 12 luglio 2020

Un mondo senza etica sarebbe un mondo barbaro, basato su rapporti di potere tra libertà individuali o collettive guidate da desiderio o impulsi. Nella migliore ipotesi 'un'associazione di egoisti' come diceva Max Stirner.

«È vero» osserva Olga. «Oggi pare interessarci solo la dimensione emotivo-sentimentale delle situazioni. Una cosa è buona, se ti dà piacere. Al contrario è cattiva, se ti genera sofferenza. E quando la sofferenza c'è va subito spenta. Bisognerebbe prima imparare ad ascoltarla per poterla comprendere e curare. La sofferenza interiore è un sintomo non meno di quella fisica. Se il sintomo tace troppo presto, l'infezione si allarga perché non siamo in grado di trovarla. E poi nessuno che abbia fatto qualcosa di veramente grande, l'ha fatto senza lottare con la propria intima sofferenza, insoddisfazione, rabbia, bisogno di riscatto personale, sociale, umano. Io per prima. Lo cantava De Andrè, ricordi? 'Dal letame nascono i fior'. I sogni non sono nel cassetto, ma sulle nostre spalle! E dobbiamo portarne il peso se vogliamo realizzarli. In realtà siamo condannati a portarne il peso anche se non li realizziamo: un peso doppio, perché sarà quello della frustrazione. Ogni giorno chiederemo conto a noi stessi del mancato obiettivo e forse ci rimprovereremo della facilità con cui abbiamo lasciato andare ciò che sentivamo essere il nostro destino. Può capitare di non sapere cosa fare, di essere angosciati e sofferenti. Avere un'etica a cui aggrapparsi interiormente quando siamo nel caos, nella selva dei nostri tormenti, indecisi, apparentemente privi di speranza, significa avere una direzione. Significa saper mantenere il proprio centro, senza il quale siamo un magma incandescente e informe di stelle perdute. E invece noi dobbiamo essere in grado di dare una forma al nostro dolore, di trovare un punto stabile, radicato nell'abisso delle incerte vicende umane. Nessuno ce lo può dare, se non noi stessi: questo senso profondo di rettitudine deriva dalla capacità che abbiamo di restare fedeli a quello in cui crediamo, anche da adulti, anche da anziani; fedeli sempre a quei bambini che eravamo un tempo, pieni di sogni, di amore per la vita, ma anche di delusioni, timori inespressi e ferite dimenticate. Io attingo moltissimo dalla Olga bambina: dai suoi slanci, dai suoi talenti, dal suo dolore.»

Lo scorrere del tempo e il vivere in spazi sempre diversi all'interno di scenari che mutano di continuo, soprattutto da quando progresso e rivoluzione tecnologica ci condizionano, tende a frammentare il senso della vita. A volte non riconosciamo come nostri certi aspetti del carattere, certe note del passato, certi discorsi ed esperienze che invece ci appartengono profondamente. Tutto può trasformarsi, ma non la nostra essenza più profonda che è come il profumo di un fiore, di quel determinato fiore. La nostra essenza rimane lì, per sempre, come un'ancora e, al contempo, come un approdo tra le alterne tempeste dell'umano vivere.

Scrive Bernanos:

Io non pretendo di governare la mia vita. Nessuno, fuorché i santi, ha mai governato la propria vita. Ogni vita è sotto il segno del desiderio e del timore [...] Voglio solo rimanere sino alla fine fedele al ragazzo che fui. Sì, l'onore e quel po' di coraggio che possiedo mi vengono da quell'essere per me misterioso che trottava sotto la pioggia di settembre attraverso i pascoli intrisi d'acqua, col cuore gonfio del prossimo ritorno a scuola, dei cortili funebri dove presto lo avrebbe visitato il nero inverno, delle aule maleodoranti, dei refettori irrespirabili, delle interminabili messe cantate, dove un'animuccia sfinita avrebbe potuto dividere Dio nient'altro che con la noia; sì, mi vengono dal fanciullo che fui e che è ora per me come un nonno. Per quale ragione, comunque, avrei dovuto mutarmi? Per quale ragione lo dovrei adesso?[22]

Lo diceva anche Seneca, nei termini compiuti e razionali del suo stoicismo, quando scriveva:

Pensa in tutte le contingenze dell'esistenza che hai dentro di te una forza madre, qualcosa di forte e incorruttibile, come un asse diamantino, attorno a cui girano i fatti meschini che formano la trama del vivere quotidiano, e,

---

[22] Georges Bernanos "I grandi cimiteri sotto la luna" Arnoldo Mondadori Editore (1980), pag. 84-85

Seneca parla di un'etica laica che non ha bisogno dell'orizzonte cristiano per essere compresa e che, in fondo, non è altro che la dignità di cui parlava Malraux in *La Condition Humaine*, e l'onore di cui fa cenno Bernanos, solo declinati molti secoli prima.

Se si pensa, però, che questo senso della propria dignità che scaturisce dall'essere individui fedeli a se stessi, nel mutare del tempo, delle condizioni, dell'età, sia qualcosa che appartiene solo ai filosofi antichi, ai letterati sensibili, o a Olga Fiorini, perché è di un'altra generazione, si sbaglia.

La dignità ha sempre avuto i suoi alfieri e le sue fiaccole.

Benedetta De Luca, ad esempio, è un personaggio di oggi. Non è solo una famosa fashion influencer invitata a ripetizione nei programmi televisivi e radiofonici, a conferenze ed eventi importanti come i vari festival del Cinema e delle Arti, ma è soprattutto una donna adulta di 35 anni che vive da quando è nata con una malattia rara che le impedisce di camminare e che l'ha costretta a molti ricoveri e a diciotto interventi.

Ho avuto il piacere di conoscerla e di apprezzarne tutto lo slancio e la creatività: sono certa che ad Olga sarebbe piaciuta e che entrambe avrebbero trovato nella medesima vitalità, determinazione, capacità di sopportare dolori e privazioni e, naturalmente, amore per la moda un forte punto di convergenza reciproca. Benedetta è ormai un'amica che seguo con costante attenzione e che ammiro per la capacità che ha di farsi promotrice in tutti i modi dei valori di inclusione e accettazione della diversità. Avvocato, fondatrice di un marchio di moda inclusiva, Italian Inclusive Fashion, collabora con The Wom il web magazine di Mondadori Media come gender e inclusion editor occupandosi di tutte le tematiche relative alla parità di genere, alla valorizzazione e realizzazione femminile. Esempio di uso intelligente ed efficace dei social, ha un profilo Instagram che conta oltre 100.000 followers molti dei quali attenti, partecipi e affezionati.

Benedetta ha di recente scritto un libro dal titolo leggero e poetico: *Una vita da Sirenetta – come ho imparato a sentirmi bella con una coda* di troppo.[23] Tutto nasce dalla malattia di Benedetta, l'agenesia del sacro, che fin da bambina la fa sentire come la famosa sirenetta della favola di Andersen, ossia costretta a rimanere sott'acqua e a osservare da lontano la vita degli altri. Finalmente come la sirenetta anche lei trova il coraggio di emergere dalle acque, ma al contrario di quel che accade nella fiaba, Benedetta non perde la propria voce, anzi la trova: diventa ambasciatrice della 'body positivity' che valorizza l'accettazione di se stessi e della propria fisicità al di là e oltre ogni difetto, perché la bellezza risiede nell'unicità anche quando questa unicità ha degli apparenti difetti di fabbrica.

Benedetta, come i nostri letterati e come Olga, parla e attinge dalla se stessa bambina, anzi le dedica proprio questo suo primo libro: *Alla me bambina, quella bambina sofferente in un letto di ospedale che ha deciso di non mollare, dandomi così la possibilità di essere la donna che sono oggi. Al suo coraggio devo tutto.*

Ecco un altro buon motivo per restare fedeli a sé stessi.

---

[23] Benedetta De Luca "Una vita da Sirenetta" Sperling&Kupfer (2022)

SPIRITUALITÀ E MISTERO

"Il fascino dell'ignoto domina tutto."
Omero

Olga ama cercare le tracce di Dio anche fuori dal sentiero così bello e chiaro del Vangelo e mi dice che ne ha sempre trovate tante. È attenta alle 'voci di dentro' per dirla con Eduardo de Filippo, perché nulla l'affascina quanto la suggestione di quel mistero che sempre ci domanda e sempre ci risponde nei momenti estremi della vita.

Roman Gary scrive:

So di nascondere tutto questo sotto un'aria cortese e distaccata, sono diventato prudente, mi fingo più astuto di quanto non sia, ma in segreto cerco sempre uno scarabeo d'oro e aspetto che un uccello mi si posi sulla spalla per

*parlarmi con voce umana e rivelarmi fi-
nalmente il come e il perché di questo
mistero, di questo segreto immenso che
mi circonda e mi fa amare qualcosa che
non vedo e non tocco.*

Olga, prima dei 20 anni, ha vissuto due esperienze cruciali che hanno inciso molto nella sua
vita contribuendo a forgiarla sia in quella determinazione che tutti le hanno sempre riconosciuto, che ad affinare la sua particolare sensibilità nei confronti dell'invisibile.

«Ero molto piccola, avrò avuto, sì e no, cinque
anni, quando io e mia sorella Imelda che ne aveva
tre, ci ammalammo di una brutta bronchite. Per
un'imponderabile decisione del destino, io gua-
rii, mentre Imelda morì. Ero troppo piccola per
capire quello che era accaduto, e per giorni con-
tinuai a cercare mia sorella. La chiamavo in casa
e fuori nella campagna attorno. Un bel giorno la
vidi seduta sul tronco di un albero tagliato, ed era
sorridente. Il mio cuore scoppiò di gioia: corsi
verso casa per dire a mia madre che finalmente
avevo trovato Imelda e di venire con me per ve-

derla. Mia madre, non capì bene cosa stesse succedendo, mi seguì. Credo l'abbia fatto solo per compiacermi. E invece, con grande sorpresa di entrambe, appollaiata sul tronco dove io avevo visto Imelda c'era una tenera colomba bianca.

Credo che da quel momento in poi mia madre capì che da me poteva aspettarsi qualunque cosa. Mettici anche il fatto che avevo rischiato di morire proprio come mia sorella, eppure mi ero salvata. Nell'immenso dolore che i miei genitori provarono nel perdere una figlia, si sentirono comunque consolati per la benedizione di avere ancora l'altra. Ero una bambina particolare, con una forte connotazione spirituale diversa dalle mie sorelle, Lina e Lucia. Figurati che mi piaceva perfino andare a Messa. Non vedevo l'ora di fare la Comunione, non mi annoiavo come gli altri bambini durante le funzioni religiose, anzi!»

«E il secondo fatto a cui ti riferisci qual è?» chiedo curiosa a Olga.

«Avevo già 19 anni e lavoravo come sarta a Verona dove c'erano miei nonni. Fui vittima di un grave incidente stradale e finii in terapia intensiva. Rimasi sospesa tra la vita e la morte e i medici non erano affatto certi che mi sarei risvegliata. Per altro, nel caso mi fossi ripresa, avevano già spiegato a mia madre che sarei incorsa in danni cerebrali irreversibili. E invece con grande stupore di tutti tornai in questo mondo dopo alcuni giorni e senza riportare alcuna conseguenza. Aprii gli occhi e la prima persona che vidi fu una suora che stava pregando accanto a me: all'epoca ce n'erano molte negli ospedali.

Cambiò qualcosa nel mio cuore dopo quell'esperienza, o forse durante, non saprei dirtelo. Di sicuro c'è che non avevo più dubbi su quale fosse la direzione da prendere nella mia vita nonostante tutte le difficoltà che ancora c'erano da affrontare. Forse durante quel sonno profondo era accaduto qualcosa che non riuscivo a ricordare. Avevo parlato con qualcuno? Avevo visto l'aldilà, come raccontano tanti che hanno sfiorato la morte e poi sono tornati indietro? Mi si era manifestata la luce di Dio? Chi può saperlo? Forse, avevo semplicemente realizzato che il tempo che abbiamo a disposizione è contato e che tutto può esserti portato via in meno di un secondo. Ma, nel profondo, io credo che sia successo altro, perché iniziai ad avere dei pensieri e a formulare delle riflessioni che generalmente non appartengono a una ragazza di diciannove anni, a volte nemmeno a una donna di cinquanta. Eppure, mi ero risvegliata così, molto più adulta, sicura di me, consapevole, con le idee chiare, come se il processo di maturazione, normale per ognuno di noi, fosse avvenuto per me in quella manciata di giorni, non nel corso di anni.»

Dopo essere stata vicina alla morte per ben due volte e per ben due volte averla scampata, la strada di Olga continua ad essere costellata da eventi singolari, un po' come se, periodicamente, si accendessero nel suo cielo delle stelle polari ad indicarle, nel buio, la direzione da prendere. Succede, infatti, qualcosa di curioso quando con molti conti da saldare e tutte le difficoltà economiche legate all'acquisto della nuova scuola in via Varzi, Olga va in crisi.

«Mi sono sempre occupata della contabilità, era una responsabilità mia. Avevo vissuto molti momenti critici nella mia vita e quindi il mio occhio si era affinato, non mi scappava un centesimo. A scuola mi considerano ancora una specie di rottweiler, se si tratta di analizzare entrate e uscite! In questo caso, però, non c'era niente da fare, ero in perdita e potevo solo pregare il Signore affinché mi aiutasse.

In quel periodo complicato incontrai per caso, un giorno, per strada, un amico di mio marito Enrico. Gli raccontai delle varie tribolazioni, compreso il fatto che Enrico non stava bene ormai da diverso tempo e che i medici non riuscivano a capire cosa avesse. Questo signore mi disse subito di rivolgermi a una persona di cui non posso farti il nome, perché è sempre stata molto riservata. Ed io voglio rispettare la sua riservatezza anche se oggi non c'è più. Era un carismatico, un uomo che lavorava nella vigna di Dio. Molti anni prima era stato uno stretto collaboratore di un prete, ormai morto da tempo, ma che fece tanto rumore a Milano, 'el Pret de Ratanà', ne hai mai sentito parlare?»

Nel 1973 esce un film di Gianfranco Bettetini dal titolo *Stregone di città* co-prodotto dalla Rai. La pellicola si ispira alla vicenda realmente accaduta di Don Giuseppe Gervasini detto 'el Pret de Ratanà' ossia, in dialetto milanese, il prete di Retenate in riferimento a quello che un tempo era un comune lombardo autonomo e che oggi è una frazione di Vignate. Qui Don Gervasini fu cappellano dal 1897 al 1901.

Si racconta che quest'uomo dai modi molto sbrigativi, ma dal cuore d'oro, avesse doni molto speciali, compreso quello di riconoscere le malattie e di guarirle. È probabile se ne fosse accorto intorno ai vent'anni quando durante il servizio di leva si occupò di sanità. Il suo particolarissimo carisma, inteso quale dono dello Spirito Santo, si accompagnava anche ad altre capacità tipiche dei sensitivi, come quella di scrutare nelle anime e vedere nel futuro. Inoltre, padre Gervasini aveva una grande conoscenza delle erbe e della medicina naturale. La gente lo amava, perché era un uomo disponibile, che si dava completamente agli altri ed era in grado di ottenere guarigioni che avevano del miracoloso. Dall'affetto popolare era nato perfino un detto su di lui che in milanese suona così: *El pret de Ratanà tutt i mài i e fa scappà!*

Un personaggio scomodo per la chiesa dato che usciva dai margini imposti dal sacerdozio. Inoltre, aveva anche dei nemici tra i laici. Fu oggetto di pettegolezzi e cattiverie tanto che qualcuno dei suoi avversari ottenne di farlo sospendere a divinis per diversi anni, poi venne riabilitato quando era ancora in vita.

Ricevette in dono una piccola casa a Milano, diventata famosa come 'villetta dei miracoli', da uno suo devoto che era stato da lui guarito e qui continuò ad operare per il bene del prossimo fino alla sua morte. Fu lui a consacrare la prima pietra della chiesa di Sant'Elena ed ebbe l'amicizia e la benedizione dell'Arcivescovo Schuster che sempre dimostrò grande ammirazione nei suoi confronti.

I suoi funerali vennero celebrati il 22 novembre 1941 e furono presi d'assalto dalla folla: ben tremila persone e una coda di oltre due chilometri per l'estremo saluto a Don Gervasini. La sua tomba al Cimitero Monumentale di Milano è, tutt'oggi, oggetto di venerazione e pellegrinaggio da parte di chi continua a chiedergli grazie e guarigioni, sebbene la chiesa non abbia mai dato inizio a un canonico processo di beatificazione nei suoi confronti ritenendo di non avere prove a sufficienza.

«Ecco», prosegue Olga «il personaggio che conobbi io proveniva dalla stretta nicchia di Don

Gervasini e ne attuava indicazioni e insegnamenti, anche se in veste laica. Anche lui possedeva dei doni che metteva a disposizione degli altri: aveva guarito l'amico di mio marito da un brutto male e fece tornare in salute Enrico che era sempre sofferente per cause che la medicina ufficiale non era riuscita a identificare in modo chiaro. Mi ricordo che quando andammo nel suo studio, Enrico era veramente piegato dal dolore, ma ne uscì che stava bene: era stato liberato da queste sofferenze che non si ripresentarono più. Rimasi sbalordita, sebbene sia sempre stata una donna aperta alle suggestioni del mistero. Se ci pensi, però, noi cristiani non dovremmo sorprenderci più di tanto davanti a certi fatti che escono dall'ordinario, perché la nostra stessa fede ci porta a credere a cose come la vita dell'anima dopo la morte, l'esistenza del Paradiso o la figliolanza divina di Gesù. Nei Vangeli poi si parla spesso delle qualità taumaturgiche del Cristo e di tutti i miracoli che operava.

Comunque sia, con questo signore nacque un rapporto di vera amicizia e cominciai a fidarmi di lui perché capii che voleva veramente il mio bene.

Uno di quei giorni che seguirono all'incontro mi telefonò. Parlammo per venti minuti. Mi riferì moltissime cose personali che non posso rendere pubbliche, ma soprattutto mi disse che io non dovevo temere per la scuola e per i conti che non tornavano in pari. Aveva avuto un messaggio dall'Alto e voleva tranquillizzarmi: la mia scuola era un'opera voluta da Dio, una missione che era guidata da qualcosa di più grande della mia semplice volontà. Dovevo continuare senza perdermi d'animo, perché avrei trovato tutti gli aiuti necessari a proseguire. Anzi, mi avvisò che tutto il mio lavoro avrebbe avuto ancora maggiore espansione e riconoscimento formale da parte degli enti preposti. E come sai, così è stato.

Nell'anno scolastico 1988/89 il mio Istituto Professionale viene riconosciuto legalmente dal Ministero della Pubblica Istruzione, poi ci sono stati altri passaggi fondamentali, come la possibilità di rilasciare diplomi con valenza europea, e la nascita di ACOF, l'Associazione Culturale Olga Fiorini che verrà riconosciuta come Personalità Giuridica ed Ente Morale, prima dalla Regione Lombardia e poi dal Ministero. E ancora nel 2000 ho ottenuto il riconoscimento di Scuola Paritaria da parte del Ministero.

Nel 2000 avevo 73 anni, età in cui si dovrebbe già essere in pensione: io, invece, ero in piena attività e anzi mi stavo allargando. Ho messo in piedi questa scuola dal niente. Da zero. Con i miei nipoti Mauro e Cinzia Ghisellini, figli di mia sorella Lucia, che adesso portano avanti il mio lavoro.»

Mauro e Cinzia Ghisellini, figli di Lucia Fiorini, la sorella di Olga, hanno scelto di accompagnare la zia nel suo percorso lavorativo fin da giovanissimi. Hanno imparato strada facendo grazie alle tante persone incontrate e ai molti insegnamenti recepiti: il loro è stato un vero e proprio apprendistato nella scuola. Oggi sono a capo di ACOF. Mauro è la mente strategica: sa cogliere i bisogni, le tendenze del momento, e riesce a trasformarle in progetti innovativi grazie anche alle sue capacità relazionali in sede istituzionale a partire dal Ministero. Cinzia, invece, si occupa maggiormente della parte organizzativa inerente alle diverse strutture della scuola, ben quindici, che hanno esigenze e problematiche diverse.

Oltre ai nipoti Olga ci tiene a ricordare il prof. Gallazzi che non c'è più e che appartiene a un universo di memorie gloriose per il destino di ACOF.

«Ho conosciuto persone straordinarie che mi hanno dato una grande mano come il preside Gallazzi. Ha formato i miei nipoti al lavoro e mi ha affiancato in tutte le fasi di organizzazione e programmazione. Lui era appena andato in pensione, ma si sentiva ancora pieno di energie e voleva lavorare per me. Era entusiasta all'idea di potersi dedicare a un progetto così innovativo com'era quello della mia scuola.»

Vittorio Gallazzi, che era un professore di lettere, fu un vero e proprio spartiacque nel percorso evolutivo di ACOF. A un certo punto era necessario darsi obiettivi nuovi e importanti per non restare chiusi nel laboratorio di sartoria, per quanto di successo. I nipoti di Olga sono cresciuti con l'ottica di non fermarsi mai e guardare avanti, seguendo l'esempio della zia. Gallazzi ha dato l'impronta della scuola vera: con lui sono state messe in campo tutte le procedure atte a soddisfare le richieste del Ministero. La Regione, infatti, aveva un percorso differente rispetto a quello previsto dallo Stato. Gallazzi ha dato il via a questo nuovo percorso: era il 1988.

Olga ci tiene a farmi altri nomi che le stanno a cuore. Lo fa per farmi capire come la strada di ACOF sia stata retta da una sorta di disegno provvidenziale di cui queste persone hanno fatto parte.

«Devo parlarti anche di Sergio Scaltritti, prima che mi sfugga di mente, un professore della mia scuola che si è fatto da solo, un uomo pieno di ingegno: si è occupato di tutta la parte relativa ai corsi di formazione al lavoro e riqualificazione dei disoccupati. Ho avuto la fortuna di trovare ottimi impiegati, affidabili e dediti alla scuola come le mie tre segretarie Rosella, Laura e Anna.»

Olga si scioglie al ricordo delle persone importanti della sua vita, perché anche loro sono segni del destino: senza questi compagni di viaggio non avrebbe potuto costruire la straordinaria realtà professionale e formativa di ACOF.

«Perché vedi», continua «non sempre i messaggi che Dio ci manda sono così fuori dall'ordinario da aver bisogno di qualcuno che ci aiuti a interpretarli come facevano gli aruspici nell'antica Roma di fronte alle viscere degli animali! Ad esempio, il fatto che la mia pronipote studi sartoria in uno dei miei Istituti di Milano, per me è un chiaro segno che questa mia avventura è destinata a continuare oltre la mia vita terrena e la mia presenza fisica in questo mondo. La mia scuola non è solo un'impresa culturale, è una grande famiglia: io amo i miei collaboratori e naturalmente amo i miei studenti. La mia stessa casa agli inizi, era la scuola, perché i laboratori erano proprio qui sotto. Oggi è un prolungamento della scuola: è la casa di tutti.»

La casa e la scuola per Olga si sono sempre sovrapposte: non c'è mai stata una chiara distinzione tra una parte privata e una pubblica della vita. Capita spesso a chi sente di avere una missione da realizzare.

Per questo motivo Olga ha sempre fatto benedire la sua casa e la sua scuola prima dell'inizio dell'anno scolastico e faceva dire delle Messe dai suoi amici sacerdoti padre Santino e Don Pietro. E non solo! Ha fatto mettere anche una bella statua dell'Arcangelo San Michele alta 1 metro e 30 centimetri, comprensivi della spada, ci tiene a specificare, sul tetto della sua scuola.

«Ah, questa di San Michele è un'altra delle mie storie strane. San Michele è il capo delle milizie celesti, l'avversario del demonio, colui che lo sconfiggerà nell'ultima battaglia. C'è quel bel dipinto di Raffaello che lo ritrae e conservato al Louvre, ma anche quello di Guido Reni altrettanto suggestivo. È un'immagine che ha sempre ispirato gli artisti. Fatto sta che una domenica di tanti anni fa dovevo andare ad una conferenza proprio sugli Angeli, creature che mi hanno sempre affascinato, e volevo andarci appositamente per approfondire la figura di San Michele. Però, era proprio quel periodo difficile in cui il mio Enrico stava sempre male e non me la sono sentita di lasciarlo solo. Con dispiacere rinuncio all'incontro, ma non al mio colloquio quotidiano con Dio e mi metto a dire il Rosario vicino ad Enrico. Non so bene cosa sia successo. Suppongo di essermi addormentata e di aver fatto un sogno, o forse è stata una visione. Fatto sta che vedo davanti a me San Michele: bello, alto, radioso, meraviglioso. In quel momento mi sono innamorata di lui e dal giorno dopo ho fatto diventare tutti matti perché volevo assolutamente una statua dell'Arcangelo da mettere a scuola a scopo devozionale e protettivo, ma non trovavo nulla che facesse al caso mio. Finalmente Antonio, un mio cugino di Verona, mi dice che ha trovato un negozio su Roma in zona Vaticano pronto a realizzare San Michele come lo desideravo io. Avevo pochi soldi e un'idea precisa in testa. Telefono a Roma, mi ascoltano con attenzione, discutiamo i particolari, specifico che la spada la voglio in alto, a 'mo di condottiero. Quando la statua mi arriva, rimango sbalordita: è identica a quella del mio sogno. La faccio mettere sul tetto della scuola. Bene, non ci crederai, ma nel giro di una settimana un temporale, che sembrava un tornado, la butta giù e la rompe: si spezzano il braccio e l'ala. Dato che sono una testona richiamo Roma e me ne faccio mandare un'altra uguale. Stavolta è mio marito a occuparsi dell'Arcangelo Michele e gli costruisce apposta una piattaforma per potergli dare solidità. Non contento aggiusta la prima statua e le trova un posto qui, nel giardino di casa! Quindi adesso di San Michele, alla faccia del diavolo che voleva abbattermi il primo, ne ho ben due collocati nei due luoghi per me più cari e sacri a proteggere gli studenti, i professori, la famiglia, le relazioni umane, il sapere, il futuro di questa impresa.»

Olga è un'ape operaia che non conosce fatica e lo dice chiaro:

«Per me la fatica non è mai stata il lavoro, ma i dispiaceri! Perché i dispiaceri ti fanno curvare su te stesso e ti costringono ad abbassare la schiena come se avessi lavorato molto.»

Non si è mai sentita vecchia. Ha attraversato il tempo con in mano l'ago e il filo, le sue uniche armi contro malinconia, invidie, incertezze, dolorose perdite affettive. Ogni volta che c'era un problema lei faceva un vestito nuovo. Ogni volta che arrivava il suo compleanno, il 13 gennaio, a ricordarle che era invecchiata, lei partoriva un altro progetto.

Olga non si è mai fermata e ha educato i suoi nipoti a coltivare spazi culturali e formativi sempre diversi con una mentalità innovativa. E così ACOF, anno dopo anno, si è ingrandita andando ad aprire nuove strutture.

È strano pensare che all'inizio via Varzi, il quartier generale di Busto Arsizio, quello che sarebbe diventato il cuore dell'impero educativo di Olga Fiorini, era la vecchia mensa di una fabbrica che doveva essere adattata a scuola. Via Varzi ha richiesto un'immane fatica per diventare una scuola perché allora non c'era ancora la forza finanziaria per dare lavoro alle imprese. Erano il marito di Olga, Enrico, e il papà di Cinzia e Mauro Ghisellini, tra l'83 e l'85 a metterci olio di gomito.

Per Olga c'era già un mondo lì dentro, in quella che era una vecchia mensa industriale, perché Olga è come tutti i visionari che vedono prima degli altri quel che ancora non esiste. E lo realizzano.

Olga ha sempre vissuto proiettata nel presente in mezzo ai giovani. L'età, in fondo, è un vaso che racchiude sapienza, valori, possibilità che vanno versati, come una bevanda preziosa, nel cuore dei ragazzi.

Papa Francesco in un'omelia di alcuni anni fa ricordava come Simeone e la profetessa Anna, entrambi anziani, proprio in virtù della loro veneranda età e della saggezza acquisita, fossero stati gli unici a vedere, nel bambino Gesù, il Messia, solo incontrandolo al Tempio. È un po' come se invecchiare ti permettesse di acquisire una seconda vista, anche se quella legata al corpo diventa difettosa. Passo dopo passo il tempo ti svela quel filo misterioso che lega tutte le esperienze della tua vita terrena. Una mano ti si posa sulla spalla e ti indica tutta la storia degli uomini, oltre quell'ultima porta.

«Ah», dice Olga «io non ho paura di niente, nemmeno della morte. Ho avuto paura di quella degli altri, certamente. Ho sofferto molto quando sono morti i miei genitori. Mi ci è voluto tanto tempo per riprendermi dalla dipartita di mia madre. La mia vita è stata costellata di addii. La mia sorellina Imelda se ne è andata quando avevo solo cinque anni, ma ho avuto anche un fratello che è morto prestissimo, pochi giorni dopo la nascita. L'ho tenuto fra le braccia, avevo dieci anni allora, ed eravamo così poveri che non avevamo nemmeno i soldi per pagare il funerale. Quanta miseria! Faccio fatica ancora oggi a ricordare quei momenti perché mi si stringe il cuore...»

Olga si ferma a riprendere fiato. Ritornare a certi fatti dolorosi accaduti nella sua intensa vita le costa un grande sforzo emotivo.

«Figurati che la cassetta dove mettere dentro il corpicino di mio fratello ce la diede il becchino.

Poi ho perso mia sorella Lina che se ne è andata a soli 60 anni.

Forse non ho paura della morte anche per questo, perché tanti miei affetti ormai sono di là e io ho una gran voglia di rivederli.

L'ho sognato una volta l'aldilà, sai? Fu un'esperienza stranissima, come se la mia anima fosse stata afferrata da qualcosa e condotta altrove. Mi sono ritrovata in una carrozza a percorrere un lungo viale alberato: la natura e i colori erano così vividi e belli che non sono in grado di descriverteli a parole perché sarebbero limitate. Era tutto molto più grande rispetto a qui, sulla nostra terra. Sono arrivata a una casa, anch'essa immensa e immersa nel verde e c'era tanta gente sia dentro che fuori la villa. Ho visto subito i miei genitori! Mio padre era intento a lavorare la campagna esattamente come faceva quando era vivo. Si stava dedicando al frutteto. Abbiamo parlato, ma più che un dialogo a parole, ci siamo trasmessi il pensiero. Mi diceva che lì le persone vivevano insieme come in una comunità e che ognuno dava il proprio contributo a seconda di ciò che amava fare e delle proprie inclinazioni: insomma, questo vuol dire che almeno nell'aldilà, diversamente da qui, c'è vera uguaglianza!»

LE DONNE,
TRA AMORE E LIBERTÀ

Non avremmo poesia e letteratura, se molti scrittori e intellettuali non fossero stati convinti della natura imprevedibile dell'amore. Anticamente, nell'epoca degli dèi, era rappresentato come un alato putto che armato di arco e frecce colpisce a caso il cuore di ignare vittime. Una visione questa che porta a considerare l'amore come un dono, una fortuna, o anche una sventura, dipende dai punti di vista, ma anche come qualcosa sul quale non si ha alcun potere.

A volte l'amore è rinuncia, sacrificio, sconfitta, perdita, morte: Giulietta e Romeo, Abelardo ed Eloisa giusto per citare delle coppie famose in senso letterario o reale che hanno 'patito', verbo che ha la stessa etimologia latina di 'passione', la loro intensa relazione affettiva alla stregua di una condanna. Altre volte l'amore è solo impossibile: dalla Silvia di Leopardi alle tante donne schermo, compresa la Beatrice di Dante, che hanno intriso con la loro intangibile presenza celebri pietre miliari della letteratura mondiale. Le favole poi sono pregne di questa idea di un amore che sovrasta i piani umani: l'Eros è una forza che redime il destino di splendide principesse oltraggiate dall'invidia e dalla cattiveria, come Biancaneve e Cenerentola, ma è anche l'energia che trasforma e mostra le persone per quello che sono davvero, come accade a *La Bella e la Bestia* nell'omonimo racconto.

Olga si sente vicino al poeta Ungaretti quando nel suo celebre verso tratto dalla poesia *Silenzio in Liguria* sintetizza magistralmente l'esperienza dell'amore per come lei l'ha vissuta: *l'amore è una quiete accesa.*

«Io ed Enrico ci siamo sposati il 5 agosto 1961, poco più di sessant'anni fa. Con i miei 34 anni, età oggi normale per il matrimonio, all'epoca io ero già parecchio fuori 'tempo massimo'.

Il mio abito da sposa, diversamente da quello che puoi pensare, non l'ho confezionato io, perché avrebbe portato male. Lo realizzò per me Ruggero Vianelli che era il direttore della mia scuola di moda a Milano. Io, però, l'avevo progettato.

Ero una ragazza molto bella sai?» Olga con un soffio di nostalgica e gentile vanità femminile mi indica un quadro che la ritrae da giovane ed è una donna splendida. «Non hai idea di quanti corteggiatori io abbia avuto prima di mio marito. Come sai, però, io avevo in mente solo il mio lavoro. Non ero interessata ai ragazzi e non mi volevo sposare. Volevo solo tagliare e cucire, dare una forma alle idee che nascevano nella mia testa. È un dono questo, ma anche una schiavitù, perché quando sei fatto così non riesci mai a liberare la mente, a sentirti leggero. Comunque sia ogni tanto si andava a passeggio con le amiche e si conoscevano dei ragazzi. Uno di questi iniziò a corteggiarmi. Aveva molti soldi e se ne faceva vanto: questa cosa un po' mi infastidiva. Le mie amiche impazzivano per lui e mi spingevano a frequentarlo, ma quando mi fece la proposta di matrimonio io rifiutai. I miei genitori non mi fecero mai sentire in colpa per questo.

Anche in seguito ho avuto a che fare, lavorando nella moda, con persone molto ricche, con uomini che possedevano grandi imprese e aerei privati. Io ho sempre lavorato sodo, perché non mi sono mai scordata delle mie origini, della miseria della mia infanzia. Ero impegnata, come ti ho detto, a diventare Olga Fiorini e vivevo l'idea di poter essere la moglie di qualcuno, specialmente se questo qualcuno era molto benestante, quasi come un'offesa. Non so, chiamala dignità, anche se credo sia più esatto dire orgoglio, ma questi uomini che mi giravano intorno mi davano la sensazione, forse sbagliata, di voler comprare me e i miei sogni. Niente da fare. Accadde poi che una mia amica sposò proprio uno di questi personaggi, uno che un tempo aveva corteggiato anche me. La mia amica mi confidò, ma solo molti anni dopo, che lei aveva trascorso la vita matrimoniale in solitudine, perché lui, per un motivo o per l'altro, era sempre in giro. E così si era abituata ad andare a dormire con i libri invece che con il marito. Eppure, dall'esterno avresti pensato a una coppia perfetta che aveva tutto ciò che desiderava.

Io ho sempre ascoltato la mia coscienza, la mia voce interiore, prima di fare scelte determinanti per la mia esistenza: comprese quelle riguardanti la vita affettiva.

Cosa potrebbe essere l'amore per me ed Enrico, una coppia che ha attraversato insieme oltre mezzo secolo di storia? È un faro nella notte, un silenzio rosso, caldo come un camino e pieno di complicità. Lo dice bene il poeta: una quiete accesa. Quando sei giovane, invece, pensi all'amore come a un uragano e credi che la tempesta non debba mai finire, ma quello è l'innamoramento, è la passione, l'obnubilamento temporaneo di ogni facoltà razionale. L'amore, invece, è proprio il contrario: è uscire insieme dalla tempesta, dai tormenti, dall'immaginazione che tutto trasfigura, e nonostante questo scegliere ancora quella persona. Sceglierla con la maschera calata, a volto scoperto, sapendo che si riempirà di rughe. Sceglierla per quella che è, nella prospettiva di un bene comune e più alto da raggiungere.»

Le chiedo di ascoltare il pezzo di un libro e le leggo questo passo:

Volevo considerare l'amore solo una passione, un desiderio dominante –

tutto qui – credevo che la passione fosse qualcosa d'assoluto. Ecco perché non riuscivo a capire il perché della strana persistenza di Teresa dentro di me [...]. Talvolta la maltrattavo nei miei pensieri [...]. Mi sembrava che mi perseguitasse con il suo amore e che dovessi troncarlo una volta per sempre. Intanto il mio interesse cresceva, l'amore nasceva proprio dalla contestazione. Perché l'amore può essere anche uno scontro nel quale due esseri umani prendono coscienza che dovrebbero appartenersi.[24]

Olga rimane stupita quando le dico che dietro queste parole così suggestive sulla passione e la nascita dell'amore di coppia c'è un sacerdote e non un sacerdote qualunque, bensì papa Giovanni Paolo II. Sotto lo pseudonimo di Andrzej Jawen scrisse nel periodo della sua gioventù dei componimenti teatrali e poetici compreso questo, dal titolo *La Bottega dell'Orefice* - meditazioni

---

[24] Andrzej Jawien (Karol Wojtyla) "La Bottega dell'Orefice" Libreria Editrice Vaticana (1991), pag. 10

sul sacramento del matrimonio che di tanto in tanto si trasformano in dramma.

«Ecco, brava. Anzi, bravo il Papa. Non avrei saputo descriverlo meglio. Io non lo volevo Enrico all'inizio, mi sentivo perseguitata dal suo amore, esattamente come il protagonista di quest'opera che mi hai appena letto: fosse stato per lui mi avrebbe sposata subito, perché il suo è stato il classico colpo di fulmine. Io invece non lo vedevo proprio, come non vedevo nessuno, avevo attrazione solo per il mio lavoro. Ci siamo conosciuti perché veniva a lavorare qui vicino, da una mia amica, io all'epoca vivevo a Solbiate Olona e lui a Busto Arsizio. Eravamo negli anni '50 ed io avevo già superato i 30 anni. Enrico ne ha cinque meno di me: da un certo punto di vista ero anche lusingata dalle attenzioni di questo giovane educato e bello, ma per il resto non ero interessata.

Dato che non cedevo alla sua serrata corte, sai lui che faceva? La sera mi veniva a trovare e mi stava seduto accanto mentre lavoravo, senza fiatare. Era sufficiente che fossi lì. E mi diceva che, anche se non lo ricambiavo, il suo amore era così grande da bastare per tutti e due. Oppure mi accompagnava quando davo lezioni serali fuori casa e stava lì, anche più di un'ora, ad aspettarmi in macchina, una Topolino usata. Poverino, non andava nemmeno al bar per risparmiare! Ma quanto ti può amare una persona che si comporta così? Una persona che gioisce solo del fatto di rimanerti accanto e che pazientemente ti aspetta seduta al freddo in auto. Eh sì, perché lo faceva anche d'inverno: nella Topolino non c'era ancora il riscaldamento e lui si portava dietro una coperta. Sembrano cose strane da raccontare oggi che abbiamo tutti i comfort!

Mi ha corteggiata in questo modo per ben un anno e mezzo e a un certo punto, davanti a tanta insistenza, ho ceduto e siamo usciti assieme. Mia madre era contenta, perché diceva che era un bravo ragazzo, mio padre Marcello vedeva in lui il figlio maschio che aveva perso.

Poi scattò qualcosa dentro di me e, con mia grande sorpresa, mi innamorai. Accettai di sposarlo, ma ero piena di dubbi perché non rientravo nei parametri della 'buona moglie' almeno per quell'epoca: ero una donna dedita al lavoro, o come si dice oggi, in carriera e senza dote. Temevo il giudizio della sua famiglia e avevo paura di non riuscire a conciliare bene il lavoro col matrimonio.

«Certamente» le dico, commentando le sue parole «hai rischiato di essere vittima di una visione pregiudiziale. La donna, a quei tempi, aveva un valore proporzionale alla dote che portava, anche perché si pensava che dopo il matrimonio dovesse stare in casa a occuparsi del focolare domestico. Tu, invece, eri davvero una donna in carriera, che del focolare domestico non ne voleva sapere niente e, per altro, senza dote.»

«Infatti, la dote me la sono fatta da sola dopo sposata. Ho lasciato quello che avevo alle mie sorelle, poi ho scelto di studiare e di investire lì quel poco a mia disposizione.

La mia vita, in fondo, se ci pensi, è stata tutta dedicata alla liberazione delle donne dagli stereotipi maschili, ma anche dalle gabbie che loro stesse si costruivano intorno: prigioni dorate, a volte, ma sempre prigioni. Se vuoi usare una metafora adatta a me, si può dire che le ho liberate dai vestiti fuori misura che una certa cultura maschilista predominante aveva cucito loro addosso. Le donne le ho rivestite e valorizzate, le ho istruite e formate nella professione e io stessa ho lavorato tantissimo con le donne. Sono stata un'apripista per le ragazze che venivano da me a imparare il mestiere: avevo naturalmente più studentesse che studenti maschi all'inizio, perché il lavoro sartoriale era visto come una prerogativa femminile. Quand'ero in Svizzera mi accorsi che lì si faceva già quello che da noi sarebbe stato inserito nella programmazione scolastica solo decenni dopo, ossia l'alternanza scuola-lavoro. Avevo intuito subito in che direzione andava il futuro e quando sono tornata qui in Italia e ho aperto la scuola ne ho parlato in vari incontri, anche in Confartigianato. Debbo dirti che all'inizio non mi hanno presa molto sul serio, ma poi hanno dovuto ricredersi perché ho attivato per prima ciò che tutti hanno fatto dopo.

Mi sono relazionata con molte aziende del territorio di Varese in particolare con la città di Busto Arsizio, che era la Manchester italiana, per stipulare delle convenzioni in modo che le mie studentesse potessero fare tirocinio presso di loro. Ho preso i migliori insegnanti, ho coinvolto nelle lezioni i miei amici stilisti di fama internazionale, ho organizzato sfilate. E alla fine tutto questo impegno mi è stato riconosciuto.

Potrei dire che la mia è stata un'impresa al femminile, al mio fianco c'è sempre stata mia sorella Lucia: aveva una mano perfetta nel rifinire gli abiti, specialmente quelli da sposa con fiori e ricami. E mia nipote, Cinzia, è alla guida di ACOF insieme a Mauro. Pensa che da bambina spesso faceva da apripista nelle mie sfilate.»

Sfilare con un bell'abito è un invito a danzare nella vita, mi dice Olga che ha sempre amato il ballo come attività e come concetto. Mi piace quest'immagine perché mi fa venire in mente il caleidoscopico e multiforme mondo femminile intento a muoversi tra suoni e gesti rituali, nel tempo lento e ciclico della natura, anch'essa sacra e 'femmina'.

Alcune donne sono frizzanti e leggere come l'aria di giugno prima che la primavera ceda il passo all'immobile eternità dell'estate. Altre appaiono soavi e gentili come brezza marina che accompagna il lampeggiare delle coste a un passo dalle onde. Altre ancora si mostrano rarefatte e intangibili come l'aria di alta montagna o quella dello spazio. Talvolta le donne sono vento impetuoso, che sa di temporali, o veri e propri cicloni che tutto travolgono senza lasciare nulla com'era.

Possono essere creative, mentali, tese all'astrazione, agitarsi alla stregua di farfalle su tutto ciò che colpisce la fantasia e l'istinto sociale. Oppure sprigionano energia, forza, luce, senso della scena, capacità di imporre la propria presenza in qualsiasi ambiente. Alte, basse, imponenti o minute, ci sono donne che hanno sempre qualcosa di vivo, di rosso, di acceso che le caratterizza. Sono quelle che sfoderano sorrisi accattivanti e che hanno il passo delle dive anche in scarpe da tennis. Possono essere lampi, scintille di un falò invernale, braci roventi, luminarelle festive, ondate di scirocco, stelle a San Lorenzo: indistintamente tutte bruciano e donano intenso calore attraverso gli sguardi, gli abbracci, i consigli. Sono loro il centro del mondo, il grande sole attorno a cui tutto gira fin dalla notte dei tempi. E che dire di quella donne musicali, delicate, che sembrano provenire da risonanze inconsce, di tempi dimenticati? Ci sono donne che sono cascate inarrestabili o laghi silenziosi, mari sconfinati o pozze di campagna dopo un temporale e che danno l'impressione di poter avviluppare gli altri con una forza passiva, quella di chi sa accogliere e contenere emozioni, pensieri, gioie, disperazione di chiunque come se fosse la cosa più normale del mondo. Le donne possono profumare di rose e gelsomini come la terra di primavera o farsi strada di campagna tra fango ed erba bagnata. A volte svettano alla stregua di montagne imponenti, limpide, algide, lontane, impervie, altre sprofondano nella sabbia del deserto per trovare il centro di tutto quel mondo immenso che gravita loro attorno. Le donne sono la linfa da cui tutto trae vita e forza: dove nasce qualcosa di nuovo, un progetto, un bambino, un amore, un'idea ci sono loro pronte a trovare tempo, materia, strategia, tenacia, cura e devozione affinché tutto possa evolvere, progredire, espandersi. È loro il tempo dei sensi, delle mani che toccano, degli occhi che guardano, del gusto che esplora nuove sonorità. È loro il tempo dell'albero della cuccagna, della raccolta per il freddo che verrà, del ghiaccio che incanta tra luci e prospettive geometriche e, al contempo, conserva le provviste di cui abbisogniamo per vivere.

«La donna a cui sono stata più legata era naturalmente mia madre», prosegue Olga che cerca di riportare alla mente le figure femminili importanti della sua vita. «Figurati che non volevo nemmeno nascere per non doverla lasciare! Ci ho messo ben dodici ore per venire al mondo», dice ridendo di cuore. «Forse perché sapevo già, nel mio bozzolo di neonata, che avrei dovuto abbandonarla tante volte nella mia vita. Fin da piccola ero la figlia che veniva mandata dai parenti a Verona. La povertà era tanta e allora per cercare di non appesantire troppo la famiglia mi mandavano via. Mia madre cercava di indorarmi la pillola dicendomi che ero la più delicata e che cambiare aria mi faceva bene, soprattutto dopo l'episodio della bronchite in cui morì mia sorella e dove io me la cavai per il rotto della cuffia. Forse, in parte, era vero, ma io so che il motivo principale che spingeva mia madre a staccarsi da me per mesi interi era la mancanza di risorse. Ho sofferto molto per questi distacchi forzati che io vivevo come veri e propri abbandoni. Forse per questo poi mi sono legata molto alla figura della Madonna: è stata una madre sostituiva per me, nei miei pensieri di bambina. Che poi chissà, pare davvero che la vita volesse allenarmi fin da allora a muovermi per conto mio, sulle mie gambe, perché dovevo andare all'estero da sola, imparare, organizzare, creare.

Per questo, oltre che per questioni pratiche, quando sono tornata qui ho voluto che i miei genitori vivessero con me. La casa era grande, c'era spazio, e io ho avuto la sensazione di recuperare la mia infanzia perduta. Finalmente avevo mia madre accanto. Veramente accanto. E poi lei mi ha dato una grande mano anche nel lavoro. Lucia, mia sorella, lavorava con me, quindi era mia madre a occuparsi dei miei nipoti. Insomma, come una vera famiglia di un tempo, ci aiutavamo tutti.

Per me l'amore, più che nel suo aspetto romantico di rapporto di coppia, è sempre stato quello che mi avevano trasmesso in casa. Era un'energia sufficiente a farmi carburare tutta la vita: avevamo vissuto in una miseria così nera che avremmo potuto uscirne a pezzi, frustrati, divisi. Invece, nonostante le enormi difficoltà materiali, tra noi c'è sempre stato un profondo affetto e, soprattutto, la pace. Tu non hai idea di che meraviglia fosse quando la domenica mio papà ascoltava la musica prima del giornale radio: c'era una tale serenità, una tale gioia che io prendevo la scopa e ballavo!»

Olga ride come se in quel momento si stesse guardando con la scopa in mano. «Io amavo moltissimo ballare. Ecco, se non fossi diventata Olga

Fiorini, avrei fatto certamente la ballerina.» Prosegue scherzando. «Con le mie sorelle quando eravamo ragazze si andava a ballare o il sabato o la domenica. Ed io ballavo per ore e ore. Per me il ballo era vita. Valzer, mazurka, ballavo di tutto. Quando ho sposato Enrico ho smesso perché lui non aveva questa passione, ma abbiamo condiviso molte altre cose.»

Olga osserva con attenzione la società del nuovo millennio, e si preoccupa della precarietà affettiva dei giovani. Chissà quante cose ha visto e vede dal posto di comando delle sue scuole: amicizie che nascono, relazioni che muoiono, ragazzi socievoli, altri solitari, primi amori, fidanzamenti, abbandoni.

Bauman ha definito la nostra epoca quella degli amori modesti[25], perché non si fanno più giuramenti e dichiarazioni e ci si accontenta di meno rispetto ai nostri stessi desideri, giocando al ribasso. Questo accade perché tutto è diventato fluido. La relazione amorosa non è più premessa di una progettualità a lungo termine che possa garantire una stabilità affettiva ed eventualmente

---

[25] Zygmunt Bauman "Amore liquido" Laterza, 2006

familiare. Non a caso sono comparsi nuovi fenomeni socio-culturali legati alla provvisorietà delle relazioni come il 'ghosting'[26], oggetto di studio di sociologi e psicologi e incubo delle nuove generazioni, ma anche di persone che gli 'anta' li hanno passati da un pezzo.

La giornalista Louise France attribuisce alla tecnologia un ruolo chiave in questa nuova fase di 'amore liquido' per dirla sempre con Bauman. Il fatto che ci si approcci all'amore sempre di più attraverso la mediazione di siti e applicazioni per appuntamenti rischia di favorire la cosiddetta prossimità virtuale, che ci rende una massa numerica di utenti tutti connessi, ma in realtà perfettamente soli, sostituendo la vicinanza reale.[27]

---

[26] Con Ghosting s'intende la tendenza a sparire all'improvviso, diventare fantasmi, rompere una relazione, talvolta anche professionale o d'amicizia, ma nella maggior parte dei casi amorosa, smettendo di rispondere a messaggi, mail, bloccando l'altra persona su tutti i social e sul cellulare. Pare un fenomeno più diffuso nella fascia di età tra i 18 e i 29 anni, ma con parecchie eccezioni per cui possono essere vittime di ghosting o perpetrarlo ai danni altrui anche ultraquarantenni, sebbene il non essere cresciuti dentro la rivoluzione tecnologica renda meno probabile un abuso degli strumenti digitali. Il ghosting evita il confronto e di conseguenza il conflitto; inoltre consente, elemento tutt'altro che irrilevante, di non prendere una posizione precisa rispetto alla relazione: ciò lascia aperta la possibilità, seppur remota, di tornare sui propri passi giustificandosi poi nei modi più improbabili.

[27] Francesco Maria Provenzano – Elena Cartotto "Io resto a casa. Come eravamo, come stiamo cambiando" Pellegrini Editore (2020)

«Noi coppie che abbiamo resistito a tutte le tempeste e agli inganni del tempo», dice Olga «possiamo solo dare il buon esempio, nei fatti, non a parole. Enrico ancora oggi mi fa regali e compra fiori a San Valentino. In realtà non ha mai smesso di corteggiarmi. Ma credimi la forma più alta del suo amore è stata quella di sostenermi in tutte le mie scelte, anche quando sembravano assurde o avventate, nel credere in quello che facevo. Questa è la cosa davvero importante, non il denaro e nemmeno i figli. Quando si dice che i figli cementano il rapporto di una coppia può anche essere vero per certi aspetti, ma la coppia deve essere già strutturata prima su una visione comune. Sembrerà banale, ma è vera quella frase che dice che due persone che si amano non devono guardarsi negli occhi, ma devono guardare nella stessa direzione. L'amore deve aiutare ad andare un po' più in là di quanto non riusciremmo a fare se fossimo soli.

Io non ho avuto figli. Ne ho sofferto, ma ho capito che i miei figli erano tutti i miei studenti, oltre che i miei nipoti che sono cresciuti nella mia casa e che oggi lavorano con me. Probabilmente era già tutto scritto, deciso da un'intelligenza superiore. Enrico una volta mi disse: 'Olga, ma se non avessimo figli, tu che faresti?'. Gli risposi: 'Prenderei quello che c'è. Lo accetterei. Come ho accettato la povertà da giovane e il successo da adulta'. Lui la pensava come me. Abbiamo avuto dei momenti di gioia purissima. Durano poco, ma esistono, il resto è serenità se si sa vivere bene. E quando sono con Enrico io sono serena.»

Direbbe Karol Wojtyla in arte Andrzej Jawien:

L'amore non è un'avventura. Prende sapore da un uomo intero. Ha il suo peso specifico. È il peso di tutto il tuo destino. Non può durare un solo momento. L'eternità dell'uomo passa attraverso l'amore. Ecco perché si ritrova nella dimensione di Dio – solo lui è Eternità.[28]

---

[28] Andrzej Jawien (Karol Wojtyla) "La Bottega dell'Orefice" Libreria Editrice Vaticana (1991), pag. 48

CONCLUSIONE
IF (SE) Di Rudyard Kipling

Se riuscirai a tener salda la testa quando tutti la perdono

e te ne fanno colpa;

Se riuscirai a credere in te quando tutti ne dubitano,

ma anche a tener conto del loro dubbio;

Se riuscirai ad aspettare senza stancarti di aspettare

e calunniato non rispondere con la calunnia,

o odiato, non dare spazio all'odio,

senza cercare di sembrare troppo buono,

né di parlare troppo saggio;

Se riuscirai a sognare senza fare del sogno il tuo padrone

o a pensare senza fare del pensiero il tuo scopo;

Se riuscirai ad affrontare Trionfo e Disonore

e a trattare allo stesso modo questi due impostori;

Se riuscirai a sopportare che le tue verità

siano distorte dai furfanti per abbindolare gli sciocchi,

e vedendo infrante le cose cui dedicasti la vita

metterti a ricostruirle con i tuoi logori arnesi;

Se riuscirai a fare un solo mucchio di tutte le tue vincite

E rischiarle in un colpo solo a testa e croce,

e perdere, e ricominciare daccapo

senza far parola della tua perdita;

Se riuscirai a serrare cuore, tendini e nervi

quando sono sfiniti e a tenere duro

quando in te altro non resta che la volontà a dire: "Tieni duro!";

Se riuscirai a dire il vero anche quando parli alla folla

e a camminare con i Re, rimanendo te stesso;

Se il nemico non potrà ferirti, ma nemmeno l'amico più caro;

Se tutti per te conteranno, ma nessuno troppo;

Se riuscirai a riempire il minuto che passa

dando il suo valore ad ogni secondo;

Tuo sarà il mondo e tutto ciò che contiene

e — quel che più conta — tu sarai un Uomo, figlio mio!

RINGRAZIAMENTI

Ringrazio Enrico, l'altra metà del cielo di Olga Fiorini. Lo ringrazio per la sua presenza discreta agli incontri tra me e Olga e per tutto l'interesse e l'affetto con cui ha seguito la realizzazione di questo libro.

Ringrazio Cinzia Ghisellini e Marco Linari per avermi fornito l'inquadramento generale della grande avventura di ACOF, della biografia di Olga e alcune notizie curiose sulla scuola.

A nome di Olga ringrazio sua sorella Lucia Fiorini e il nipote Mauro Ghisellini, per tutta la strada, affettiva e professionale, che in famiglia hanno percorso insieme.

E sempre a nome di Olga ringrazio il preside Gallazzi, anche se non c'è più: è il grazie alla memoria di un uomo che Olga voleva ricordare come esempio di lealtà e devozione al lavoro.

Personalmente ringrazio Blitos Edizioni e in particolare la presidente Maria Grazia Russo che ha intercettato velocemente e con sensibilità questo libro nel momento più difficile: subito dopo la scomparsa di Olga Fiorini quando senza l'appoggio della mia co-autrice mi sono ritrovata a cercare nella selva delle tante case editrici quella giusta. La ringrazio per l'entusiasmo, l'intelligenza, la serietà e l'attenzione con cui si dedica ai libri, al lavoro di editing, all'organizzazione di eventi. E naturalmente ringrazio l'amica comune Cristina Tonetti che ci ha messe in contatto.

Ringrazio Veronica Vetrulli per aver letto con partecipazione la prima bozza del libro e aver accettato di scriverne la presentazione. Ha saputo cogliere con un'immagine immediata il senso profondo di questo canto e controcanto tra me e Olga sconfinato in un orizzonte comune di parole, ricordi, emozioni. La ringrazio per la stima, l'amicizia e la presenza autentica e costante nella mia vita: cosa rara in questo mondo fluido.

Ringrazio gli amici di bisbocce letterarie: Fabrizio Carcano, il mio gemello astrale, autore di gialli mozzafiato nella sua Milano da incubo, la Pescia e il Gabri, per le chiacchiere sempre meravigliose su libri e cultura, Isman che già a tre anni voleva fare il giornalista, e Fulvio che è stato forse il primo a sapere di questo libro in lavorazione e che sarà senz'altro il primo dei lettori. Con la speranza che qui dentro possa ritrovare un po' di quel se stesso pieno di sogni e talento che tanti anni fa disegnava vestiti e organizzava sfilate, anche se adesso preferisce scrivere cose bellissime.

OLGA FIORINI

Sarta, stilista e imprenditrice, nasce il 13 gennaio del 1927 a Sorgà (Verona). Si forma a Bologna e si perfeziona professionalmente nella Svizzera tedesca. Rientrata in Italia nel 1956 dà inizio ad un'avventura imprenditoriale nel campo della moda e della cultura che non si interromperà mai più. Partendo dai corsi di taglio e cucito che riscuotono un sempre maggiore successo, Olga arriva a fondare una vera e propria scuola. Riconosciuta dal Ministero sarà la prima pietra dell'universo ACOF, l'Associazione culturale Olga Fiorini che nascerà nel 1996. Oggi ACOF, diretta da Mauro e Cinzia Ghisellini, nipoti di Olga, gestisce quindici strutture, conta circa 3500 studenti e quasi 700 persone tra dipendenti e collaboratori. Ad ACOF appartengono sei scuole superiori raggruppate negli Istituti Olga Fiorini e Marco Pantani, il tragitto interculturale dai 3 ai 18 anni di The International Academy, l'istituto comprensivo Maria Montessori di Castellanza, tutto il complesso dei centri di formazione professionale di ITS e IFTS per le specializzazioni post diploma e i relativi inserimenti lavorativi, nonché la prestigiosa SPIC, scuola di specializzazione in psicoterapia. In più è pienamente attiva la partecipazione di ACOF allo IUAD, l'Accademia della Moda di Milano.

Olga Fiorini ha ricevuto numerosi riconoscimenti nel corso dei suoi 60 anni e oltre di carriera. Regione Lombardia nel 2000 le ha attribuito la Rosa Camuna. Giorgio Napolitano, allora Presidente della Repubblica, l'ha insignita del titolo di Ufficiale dell'Ordine al merito della Repubblica Italiana nel 2009. Anche il Comune di Busto Arsizio le ha attribuito la civica benemerenza nel giugno del 2017, dopo che già nel 2015 era nato un premio a lei intitolato per riconoscere le eccellenze educative del territorio. Gli sforzi compiuti da Olga Fiorini per allestire progetti sempre visionari e innovativi hanno ricevuto gli elogi da tantissime firme di spicco del mondo della moda, stilisti che hanno ritrovato nell'opera quotidiana portata avanti da questa sarta d'Italia le radici più vere del Made in Italy.

Olga Fiorini si è spenta nella sua Busto Arsizio il 12 aprile 2022.

ELENA CARTOTTO

Nasce a Milano il 1° novembre 1973. Autrice radiotelevisiva (Rai, Mediaset) ha collaborato a trasmissioni di successo come Voyager - ai confini della conoscenza, Voyager - Italia Straordinaria e Freedom - oltre il confine. Appassionata web writer scrive per gliamantideilibri.it e astrologiainlinea.it occupandosi di libri, divulgazione culturale, psicologia e linguaggi simbolici. Coordinatrice editoriale di una piccola casa editrice, LBE, è laureata in filosofia e ha collaborato alla cattedra di Storia della Filosofia Medioevale dell'Università degli Studi di Milano. Nel 2006 è coautrice con Umberto Eco e altri studiosi della pubblicazione "La metafora nel Medioevo" che vince il premio Editoria Italia Medioevale. Al suo attivo ha due libri: "Spiritualità e psicoanalisi" edito da Studio Brianza (2010) e "Io resto a casa - come eravamo e come stiamo cambiando" scritto a quattro mani col giornalista parlamentare Francesco Maria Provenzano per Pellegrini Editore (2020). Citato in trasmissioni televisive come "Otto e mezzo" su LA7 e oggetto di diverse presentazioni online nel periodo del lockdown, il testo è stato definito uno dei primi significativi contributi editoriali ai tempi del coronavirus.

La sua pagina Facebook, un divertissement tra letteratura e astrologia, si chiama Astrotrend d'Autore.

INDICE